從好公司

輕鬆提款

巴菲特線上學院創辦人的
不恐慌、不盯盤美股投資術

林修禾 著

【推薦序】
一本能夠克服人性、
輕鬆簡單從股市賺錢的祕笈　　李仲盈

　　股神巴菲特曾說：「在別人貪婪的時候我們要恐懼，在別人恐懼的時候我們要貪婪。」

　　這句話說來容易，但要確實做到卻很困難！為什麼呢？因為我們是人類，只要是人類難免會有不理性的時候，尤其在投資股市時，貪婪、恐懼與嫉妒會不停地輪番上演，雖然投資方法及工具會一直與時俱進，但在人性面前，我們始終會變回原始人狀態，始終認為股市好危險，投資在那些不賺錢的公司上，自然無法從「好」公司帶來財富，過上你的理想生活！

　　所幸修禾老師出版《從好公司輕鬆提款：巴菲特線上學院

創辦人的不恐慌、不盯盤美股投資術》一書，不僅僅是一本關於投資的書，更是一本關於如何在股市裡與自己的人性直球對決還能擊出安打的心法，並且教你如何從好公司輕鬆提款，存款還會越來越多。

　書中提到「不恐慌的加碼原則」更是破除許多人投資股市的迷思，為我們提供了保護資產的重要原則，透過分散風險，穩定獲利。它教導我們如何避免錯誤的加碼心態，以及在市場波動時如何不恐慌的加碼方法，只要你按照書中的教導操作，相信你絕對可以克服人性、穩定獲利！

　大道至簡，一直是我投資的大原則，為什麼人們要將投資搞得很複雜呢？唯有變得複雜你才會不敢行動，你才會把錢交給那些「專業」的人士打理。現在，就跟著本書內容一步步打造你的被動收入系統，無論你是股市新手還是老手，這絕對是你資產翻倍的關鍵、安心投資的良機，讓我們一起學習更多吧！

（本文作者為巴菲特線上學院培訓師・
《找到冷鑽股，美股獲利穩穩賺》作者）

【推薦序】
將投資大師的智慧，
化為自身財富的最佳讀本　　石偉明

　　本書是運用一位我們這個時代最偉大投資者的原則，有智慧地積累財富的大師課程。修禾是一位令人驚嘆的優秀教育家，不僅深入解析華倫・巴菲特的投資策略，還將複雜的概念變得簡淺易懂，讓每個人都能輕鬆上手。其獨特之處，在於修禾將巴菲特的智慧，轉化為實用的行動步驟。

　　無論您是經驗豐富的投資者，還是剛剛展開投資之旅，本書都提供了尋找好企業並充分發揮其財務成功潛力的寶貴見解。

　　身為一位多年來一直欣賞修禾專業知識的人，我可以自信地說，這本書對於任何希望透過智慧投資、實現財富繁榮

的人來說，絕對是必讀之作。

　　修禾對於教育和投資的熱情，在每頁內容間閃閃發光，使其成爲一本富有啓發性和實用性的理財讀本。

　　千萬不要錯過了這個跟最優秀的人學習，並掌握您財務未來的機會。

（本文作者爲巴菲特線上學院共同創辦人‧
《和巴菲特一起釣魚》作者）

【推薦序】
就算是投資新手，
也能輕易上手！

田以熙

投資，是我以前從來沒想過會接觸的領域。

倒不是覺得錢不重要，而是無論打開電視，還是看 YouTube 影片投資達人們講的，實在有聽沒有懂，特別早期也常聽到長輩們買股票虧錢的事情，對於股票投資更是覺得自己沒那個頭腦。

直到因緣際會下，朋友在日本上了 BOS 投資課程，後來回到臺灣認識了修禾老師，我才知道投資可以這麼輕鬆無痛，原來不需要任何財經相關的知識與能力，也能聽得懂，並很快地進入狀況！

坦白說學習投資美股期間，還是有因朋友的推薦下而嘗

試了幾種不同的投資，但這幾年下來……只有修禾老師教的美股投資術，讓我獲利沒虧錢（尷尬但不失禮貌的微笑）。

　　這次聽聞修禾老師出版《從好公司輕鬆提款：巴菲特線上學院創辦人的不恐慌、不盯盤美股投資術》一書，簡直是天大的好消息！

　　裡面滿滿不藏私的投資概念，相信即使您跟我一樣是投資新手，也能輕易地上手，讓投資不再是件難事，也不再是賭博，祝福大家看完後一起發大財！

　　　　（本文作者為生活美妝YouTuber．Raíz咖啡創辦人）

【前言】

違反人性，
就能在股市中賺到錢

　　本書的內容，可能會激怒電視上那些股市名嘴、與開投資課程賺錢的人。

　　因為以結果來說，他們所說的那些方法，或許就是讓你投資「不賺錢」的關鍵。為什麼這麼說呢？

　　因為這世界上的資訊太多，許多資訊背後都帶有目的性，讓你無法知道真正好的理財方法，而本書就是帶領你理解這個由資本主義主導下的金錢世界。

　　當下的世界吵成一片。吵的不是只有政治話題，還有新冠疫情導致的供應鏈問題、物價通膨指數創近年新高、烏俄戰爭、以巴戰爭、環保問題、ChatGPT 之類的 AI 所引發的

焦慮等等。而你閱讀本書的此時，應該還會有更多意想不到的事情發生，也包含未來 50 年內，有很大的機率會發生令我們更恐慌的黑天鵝事件①。

自從 2020 年新冠疫情爆發以來，世界開始變得更加「熱鬧」。而投資的風險，似乎也隨著這些事件，變得更大，但對我而言，這些事件並不會影響我的決策，因為我知道要致富，就必須要違反人性，逆向思維才能在股市中真正獲利。

為什麼想寫這本書呢？靠著巴菲特的價值投資②，存款從 10 萬開始，讓我在大學畢業 7 年多後，在 30 歲的時候達到了安穩的生活水平，也達的到擁有可以用現金買房的能力，這是我之前連做夢都達不到的夢想。因為投資改變了我整個人生，所以想分享給周圍的朋友，讓大家一起變有錢。

我也把這些經驗整理成課程，在教導超過一萬名學生價值投資課程以後，收到了許多學生的回饋。

「這堂課我聽了三遍，希望能永遠刻在骨子裡。」

「我上了許多其他的課程，但只有這裡真正改變了我以往

對投資的看法。」

「修禾老師，謝謝你開的投資心態課程，尤其是其中血淋淋的遊戲實戰，讓我眞的體驗很多。」

這時我才發現，原來市面上除了充斥許多投資詐騙以外，更多的是「空泛」的投資課程（或是號稱學了就能財富自由的課），聽起來很有道理，但做起來卻一直感覺少了什麼，以至於許多人都產生了「金錢焦慮」，無論是近期想做的事，或是長期的人生規畫，對未來充滿著不安。最後人生的時間都奉獻給了老闆、金錢都奉獻給了房貸，失去了人生的自主權。

其實我想告訴你：「大部分投資成功的人，並不明白自己爲何成功。」我並不是否認這些人的成功，極少數的成功者像華倫・愛德華・巴菲特，就是屬於少數知道自己爲何成功的人。但在讀這些大師的文章時，你常常會看到「需要存錢」「長期持有」「股價低時購買，就容易賺到錢」「別人恐懼、我要貪婪」「要看懂趨勢」「資產配置」「要創造被動收入③，創造現金流」，但問題就在於很難全部做到，如果很難做到，那只是淪爲口號。其實你缺乏的

是一套系統，讓你學會「不恐慌」的投資術。

　　所以這是一本什麼樣的書？

　　如果你對未來充滿著不確定性，對金錢有著不安感，想要創造穩健的生活；或是你已經厭倦這麼多雜訊的投資世界，想要簡單投資創造收入，專注過生活的人，那這本書就是為你量身打造！本書以美股價值投資為基礎，教導用正確的投資觀念來活出自主的人生，讓你未來不會再為了錢而煩惱。

　　事實上，**你必須學習投資的方法，遠比你想像中還要少！**

　　本書會結合我在哥倫比亞大學學習進階的價值投資技巧，以及結合自身近 20 年投資棉薄之力的經驗，幫大家整理出**「不需要預測市場」「不需要遵守複雜的法則」，就能讓投資長期看見成果**。這個技巧可以用來投資全世界（包含美股、日股或台股等等，因美股表現整體最佳，所以主要以美股作為範例）。

　　前半部將告訴你什麼是真正的「資產」，並且了解一間公司真正賺錢可以看什麼數字，而什麼數字是「不需要預測的」。股市老師很喜歡預測未來，但「預測」就是賠錢的

根本，帶你看出公司真正的價值。

　　後半部將細述「不恐慌加碼原則」，讓你就算遇到2008年史詩級的大股災，都能擁有明確的投資目標，安穩地繼續投資下去。

　　請立即停止你心中的所有疑慮，不用擔心你的未來，你現在要做的事，就是好好地靜下心來，仔細地看完這本書。

目錄 CONTENTS

第一章
簡單關鍵，獲取巨大財富

第二章
擁有眞正的資產，
是自由的鑰匙

第三章

一進場就賠錢？
運用投資心理學改善績效

第四章
價值投資實戰：
不需預測未來的估價法

目錄 CONTENTS

第五章
不恐慌的加碼原則

第一章
簡單關鍵，獲取巨大財富

這一章我希望你知道的是：

真正的富裕在於好資產的多寡。

人人都有富裕的權利和能力，成功只在轉念之間，關鍵在於跳脫「老鼠賽跑」的迴圈。

想建立累積資產的金錢循環，首先要改變的是**「賺錢的優先順序」**；與之同樣重要的是**「正確並長期的投資」**，兩者兼具，資產自然就能累積。

無論你的薪水低於平均薪資，還是月入數十萬以上，只要感覺自己總是「沒什麼錢」，這章將透過角色間的對話，幫助你釐清理財盲點，擺脫越忙越窮。

1-1

你是「小確幸族」
還是「資產先生」？

在大學同學會上，我發現有很多同學都到了臺積電或是鴻海工作，是個只要努力工作，就能有不錯薪水的地方。

「修禾，你買房子了嗎？我已經買了，接下來要面對30年的房貸……」一次同學會，我的朋友 Jerry 跟我聊到置產的話題。

「有，跟你一樣，我在前年也買了房子。」

「房貸占了我近一半的薪水，接下來得好好的工作，努力還貸款。」Jerry 跟我說了許多煩惱：「目前還有孩子要養，真懷念學生時期，不用煩惱金錢的生活……」

事實上我跟 Jerry 很像，在大學畢業以後，都是從零開始，沒有人脈、資源，也沒有什麼本金可以運用，我有的只有在大學時期，在研究室打工所存到的 10 萬臺幣（這的確是我自豪的事，犧牲玩樂時間，靠自己雙手努力「存到」的錢）。

我們一畢業就開始賺錢、投資股票，一樣結了婚，也買了

房子。

　唯一不一樣的是：這位朋友需要繼續努力工作，才能付得起房貸與照顧家人。

　我則是用美股股票的股息，來支付房貸與生活費，所以貸款再久，我都不用煩惱。且股息每年都成長，讓我可以支付更多房子的貸款。

💲 想要小確幸，還是真正的自由

　在這我們把Jerry這類型的朋友，視為「小確幸族④」的代表，人生就是為了追求不斷的小確幸，而沒有真正自由、活出自我的一天。注意，我沒有要批評這樣的人生，這種人生也會很充實，途中也可以找到很多快樂，只不過人生有1／3都奉獻給工作，每天下班後1／3的時間，都在煩惱金錢怎麼運用，最後的1／3則用來睡覺，不知怎麼跳出這個循環。

　另外我有個培訓的學生，幾年後他結了婚跟我說：「修禾，接下來我的目標是生四個孩子，因為我的被動收入，已經可以撫養並支付四個孩子長大所需的費用了！」

　第一次聽到這句話時，我有點驚訝，驚訝的是這年頭想生這麼多孩子的人已經不多了，但我並不驚訝用被動收入養孩子這件事。

　這一類注重資產成長的人，我會稱他們為「**資產先生⑤**」！

　後面章節，**我會化身為「資產先生」，藉由與小確幸族**

「Jerry」的對話，讓大家了解累積財富的關鍵。

至於「Jerry」與「資產先生」的主要差別是什麼？又有什麼方法是大家都能做到的？

先別急，讓我慢慢跟大家娓娓道來。許多成功的關鍵其實都在你的面前了，只是我們常常視而不見。

如果覺得自己平凡，那你絕對可以創造不平凡的人生

在這先跟大家說聲，我本身並不優秀，不過是一個普通人而已。

在學校很多學業成績都低空飛過，雖然也念了碩士，但都僅是勉強畢業。

去過一些公司上班，但都發現自己不太適合為了別人工作（我相信很多人都有這樣的感覺，這不一定是你的問題），甚至因為英文太差，被公司主管認為，在他認識的年輕人當中，英文這麼差的人，真的很少見（我去美國找過投資暢銷書作家瑪麗·巴菲特並一起共進早餐，她很驚訝我怎麼都不會講英文）。

過去的我也不擅長跟別人聊天，每一次跟別人說話，就會擔心自己的表現，這消耗了我大量的精神跟體力⑥。

然而像我這樣的普通人可以成功，確實有一個簡單的方法，而這個方法，每一個人都能夠做到，也能讓每一個人不知不覺地越來越有錢，最終能夠找回自己人生的主導權。

「變有錢」，跟你的學歷、工作經歷、投資經驗、人脈都沒有太大的關係。

「如果有這個方法，那為什麼我不知道？這樣的話，每個人用這方法，都能成功嗎？」我相信你可能會有這樣的疑問，這也是你拿起這本書的原因。

為什麼我會想寫這本書呢？因為想透過分享本書的觀念，來幫助大家。也因為**平凡的我做到了，所以我相信你也一定能做到！**

只要能專注在你的「資產」這個簡單的法則，就能實現自己的夢想和目標！這段話絕對不是我在誇飾，而是我發自內心的相信，相信每個人都能透過這個法則，擁有自己人生中的主導權，過上有選擇權的人生。

亞馬遜創辦人貝佐斯，曾經問過巴菲特：「如果你的方法這麼有效，為什麼大家都不願意去做？」

巴菲特回答：**「因為沒有人想要慢慢變有錢。」**

看到上面的話，不知大家有什麼感覺？一開始我們需要建立正確的心態很重要，欲速則不達，但是不用擔心，這不是一件困難的事情，首先先放輕鬆，放下你對於金錢的焦慮，我會協助你達到自己人生的目標。實際上，你只要願意付出 5 到 10 年，就能讓自己的人生自由，不用再工作30 年以上。

$⑤$ 你其實很幸運，
只要不當一隻窮忙的老鼠

還記得前面小確幸族的代表 Jerry 嗎？

Jerry 就像是一般人的寫照，很努力地工作和過生活。但是到頭來，感覺就像身在一個「老鼠賽跑」的迴圈⑦，一直追著金錢跑。

雖然感覺自己的人生一直在前進，但事實上在退休後回頭看自己的人生，會發現**這一輩子的時間都「賣」給了別人，到頭來成就的是別人的人生**（這個人可能是你的主管或老闆）。

要跳脫「老鼠賽跑」的迴圈，首先要先了解是什麼樣的想法與信念，造成這樣的現象。如果人生只是為了跟著別人隨波逐流，那真的太可惜你身為「人類」的幸運了，要知道成為人類的機率約為 $1 / 400,000,000,000,000$⑧。

這個「機率」已經小到無法想像，這麼說好了，這好比你連續中大樂透頭獎約 28,000 次⑨的機率。

如果先算地球誕生的機率，加上你生在這個時代的機率，再算上你遇到這本書的機率等等，你不覺得這其實是很「幸運」的嗎？只要你肯改變，那麼一念之間，在這個充滿機會的時代，絕對是可以累積財富的。

在接下來的環節裡，你會學到怎麼樣跳出這個「老鼠賽跑」的迴圈，那麼你要做的事，就是**下定決心改變**，跳脫出你的舒適圈，未來就能擁有自己的自主人生。

如果你是一個很難自己改變的人，有朋友跟你一起勉勵彼此成長，也是一個好的方法；或像是建立一個持續學習的讀書會，也是一個不錯的方式。當然如果你有機會來到我的教室來學習，那我會負責鞭策你，讓你可以更快成功。

這本書主旨在於教你怎麼埋下第一顆資產的「種子」，你要做的就是播對的種子。要知道種子需要陽光、空氣、水，中途不要恐慌，千萬別揠苗助長⑩。

接下來事情很簡單，就是運用時間，靜靜地等待它發芽。

小確幸族與資產先生的差別

你想要成為資產先生，首先我們要先認識小確幸族的代表Jerry。

所以，Jerry代表什麼？

我們來給Jerry一點「定義」，讓大家也來檢視一下自己與他像不像。

平凡的我做到了，我相信你也能做到！

Jerry 指數測驗

測試你的金錢觀念中，「小確幸」的成分有多高？

☐ 自己有錢的時候，會想慶祝一下，給自己一點享受。

☐ 及時享樂很重要，奉行 YOLO 主義。

☐ 常常羨慕別人的生活。

☐ 認為退休是很遠的事，未來再規畫即可。

☐ 覺得自己的錢，不知不覺地消失。

☐ 想要趕快變有錢，願意冒風險投資。

☐ 對於自己賺錢、賠錢，情緒起伏很大。

☐ 覺得生在這個世代，很難累積財富。

☐ 對於短期會獲得高報酬率的商品，充滿興趣。

☐ 認為理財很重要，卻遲遲沒有具體的行動。

　　以上是 Jerry 的 10 個特徵，看看你身上有沒有留有 Jerry 血液的 DNA，只要超過三個選項跟你相似，那就要特別留意了（對，就是這麼嚴格）。小心一不留意，那麼夢想可能會離你越來越遠。而這本書的另一個目的，就是為了「淨化」你身上的 Jerry 血液，讓你可以好好地專注在「資產」的投資上面。

　　原則上只要在投資的路上，你會想要投機、做短線，或是面對市場會擁有嫉妒、恐懼、貪婪，那就是身上的 Jerry 血液在作祟（當然這是一個形容詞）。

　　恐怖的是，你會發現 Jerry 做的事情與生活態度，其實都

是很「符合人性」的。而且**及時享樂這件事，很像是一個很難察覺到的毒品**（類似食物的糖分）。

但也就是這些人性，讓大部分的人，都很難累積財富。

你需要的是有系統的投資原則，也就是「**不恐慌投資法**」，這套系統將會告訴你什麼時候可以投資與加碼，讓你的財富不會受到心情影響，並且專注地把資金投入真正賺錢的資產上。

致富潛能測驗

測試的金錢觀念中，致富指數有多高？

☐ 當自己完成目標的時候，會想慶祝一下，給自己一點享受。

☐ 延遲享受很重要，懂得適當運用資金來享受人生。

☐ 專注在自己的生活，活出自主的人生。

☐ 已經有自己退休規畫的藍圖。

☐ 設定分離帳戶，或是有預算制度，了解自己每件事可以用多少錢。

☐ 專注在風險，願意慢慢變有錢。

☐ 對於自己賺錢、賠錢，心情都很平靜，因為專注的是「價值」而非價格。

☐ 覺得生在這個世代，是很幸運的，世上充滿著機會。

☐ 對於長期會產生現金流的商品，充滿興趣。

☐ 有開始才會變得很厲害，隨時在行動。

看看這 10 點，有幾點跟你一樣呢？

沒有也不用灰心，至少你知道目標在哪裡了。

有沒發現這 10 點，有些跟 Jerry 很像？

例如我們來看第 1 點，一個是「當自己有錢的時候，會想慶祝一下」，另一個是「當自己完成目標的時候，會想慶祝一下」，雖然乍看之下很像，但魔鬼出在細節裡。

你會發現資產先生（或者說成功人士）也是很懂得享受的，但是他們不是有錢就無止境地享受，而是完成小目標時，為了激勵自己持續前進，懂得用慶祝來激勵自己未來完成更遠大的目標。

資產先生會運用延遲享受的技巧，讓自己在年輕的時候，多累積一些資產。未來用這些資產創造的現金流，去好好的享受人生。

其實資產先生是更懂得享受人生的一群人！也許你對資產先生越來好奇了，接下來會透過一步步的教學，讓大家成為自己人生中的資產先生。

我們也許無法成為富二代，但在這個世代，我們有很大的機率可以成為富一代。

成功投資者的意見，不會對你有幫助

Jerry 也想要成為像資產先生那樣，不用再為了錢而煩惱，立志做一個擁有自由的人！於是他決定跟在資產先生旁學習。

「好，我立志要改變人生，首先好好地跟著投資大師學習！別人貪婪時，我們要恐懼；別人恐懼時，我們要貪婪！」Jerry 激動地表達。

「這句話是華倫‧巴菲特經典的名言。但你知道別人貪婪與恐懼的時間點嗎？」

「只要好好學習，應該就能判斷吧？」

資產先生搖搖頭：「事實上，大部分的人都無法判斷。例如我們常常認為股市低點，就是大家恐懼的時刻，結果這時冒然地進場，常常忘了股市低點，還有更低的低點。」

我們在投資的路上，會聽到許多建議，這些建議對於想要累積財富的人，都沒有錯。

但你有發現嗎？**這些上過投資課程、看過投資書的人，最終有變得更有錢嗎？**

只要去一趟書店，你會發現有許多投資理財相關的暢銷書，每本書都很吸引人，感覺只要讀了以後，就能輕鬆累積財富（許多成功學的書，也讓你覺得一讀就會成功）。但無論讀了多少，你的財富變化就是很有限，甚至不知道怎麼開始第一步。

原因在於現在是個資訊量爆炸的時代，你接受的資訊太多了。甚至有許多投資的法則是互相矛盾的，有的人說掌握短期**趨勢**，才能賺到錢；有的人則告訴你不要管短期**趨勢**，長期持有才能賺到錢。

這些資訊讓我們不知道要相信什麼，又不知道下一步要做什麼。

　　最恐怖的是，我們會「自以為聰明」，混合許多流派，以為這樣能提高自己的投資勝率，卻不知這就是混亂的開始。

　　主要的原因是書裡沒告訴你真正的**「優先順序」**，許多投資法則，其實都是建立在已經成功投資人的身上。

　　下列有哪些話我們常常聽到？

　　「別人貪婪時，我們要恐懼；別人恐懼時，我們要貪婪。」

　　「錢其實不重要，要追求內在的富足。」

　　「追求財富自由，是我們的目標。」

　　「長期持有就會賺錢。」

　　「雞蛋不要放在同一個籃子裡面。⑪」

　　這些話都沒有錯，而且許多都是經典的觀念。

　　但什麼是「貪婪」？什麼是「恐懼」？我以為的別人在恐懼的時候，會不會是其實大家都在貪婪？

　　另外在追求內在富足的同時，會不會不小心失去賺錢的上進心？

　　財富自由這幾個字，會不會讓我們變得需要冒風險才能賺錢？

　　長期持有什麼標的才能賺錢？

　　有人說投資要成功，不要過度分散，雞蛋到底要放在幾個籃子裡才適當？

　　有發現這些名言的問題了嗎？試著注意一下，把這些話掛

在嘴邊的人，大部分是網紅、部落客、新聞媒體，或是股票老師。再試著思考說這些話的人，他們的目的是什麼？是為了流量，還是你口袋裡的錢？還是只是讓他們聽起來更像是個專家？

　　如果知道這些知識就會變有錢，那富豪排行榜上面都是財經記者了！

　　我想告訴你，這些名言、常識對你來說都沒有用。

　　這些大部分是讓成功的投資者說給自己聽，或是觀念清晰的人讓自己繼續成長的話語。他們說這些話的基礎，建立在已經有的成功上，而還在變富有路上學習的人，**優先順序**是不一樣的，盲目地相信這些話，反而會讓自己陷入困境當中。

　　我們來看看這些話背後的真相：

　　「別人貪婪時，我們要恐懼；別人恐懼時，我們要貪婪。」

　　→自己貪婪的時候要恐懼、自己恐懼時需要有勇氣。

　　「錢其實不重要，要追求內在的富足。」

　　→沒有錢，卻萬萬不能。

　　「追求財富自由，是我們的目標。」

　　→追求金錢，不是人生最終的目標，真正富豪不會跟你談論財富自由。

「長期持有就會賺錢。」

→**好的資產，才需要長期持有；爛的資產，持有叫做凹單。**

「雞蛋不要放在同一個籃子裡面。」

→**巴菲特看到很好的機會，反而會大量買進，適度集中投資，投資效果更好。**

如果你的基礎功沒有打穩，那麼你的人生就會搖擺不定，不知道自己要往哪邊靠攏。不停地搖擺、造成我們財富很難累積。

那要怎麼做？**首先你要了解賺錢的循環，了解錢的優先順序。**

這個世代，我們有很大的機率成為富一代！

1-2

開啓有錢循環，
目標5年開除你的老闆！

Jerry 這才恍然大悟：「原來優先順序這麼重要，搞錯了順序，可能會讓自己陷入困境。」

資產先生：「是的，所以我們首先要好好工作，來累積更多的資產。」

Jerry：「那這樣不就還是要工作？」

資產先生：「不然你以爲學習投資後，馬上就可以不用工作了嗎？」

是的，要累積財富之前，首先就是要好好地工作（如果你是富二代，這本書一樣也能幫助你累積更多資產）。

我反而鼓勵大家在最近幾年更努力地工作，接待更多的客戶、努力升遷加薪、自願外派或加班，這樣可以更快速地累積自己的本金。因爲建立賺錢的循環，一開始最重要的就是工作，請先試著以5年開除你的老闆爲目標。

小確幸的惡性循環

一般人的金錢循環長什麼樣子？

為了追求幸福→持續工作賺錢→壓力很大，中途追求小確幸→錢沒有了，繼續持續工作賺錢→壓力很大，中途追求小確幸（持續循環下去）。

圖 1-2-1　小確幸的惡性循環

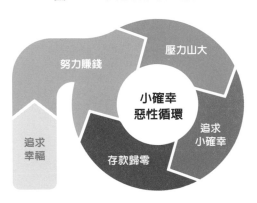

我稱為這是掉進了「**小確幸的惡性循環**」裡，工作了一輩子，才發現人生要追求的大目標都沒有完成，人生過得有很辛苦。

或是許多人只要有了錢，生活的品質也會跟著提升，本來坐公車、捷運通勤，有了點錢就會買機車，繼續升級變成車子，再從國產車，變成進口車……

當你的欲望，隨著你賺的錢變多，你不會有真正自由的一天，反而會變成金錢的奴隸。

💰 累積資產的金錢循環

你唯一要追尋的賺錢方程式，就是新的金錢循環：

為了追求**長久的幸福**→ 持續工作賺錢 → 累積「**被動收入本金**⑫」→ 買入好資產 → 獲取被動收入 → 累積更多「被動收入本金」（持續循環下去）。

圖 1-2-2　累積資產的金錢循環

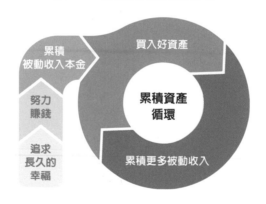

直到「每個月被動收入＞每個月自己的欲望」，這時就能體會真正的自由。

這裡的欲望指的是：要多少物質生活，才能滿足你的生活開銷。

假設年輕的你，一個月的生活開銷是 2 萬元，那麼你努力地累積資產，有一天發現每個月的被動收入是 3 萬元，那麼「理論上」你已經自由了，因為你不用再為了錢而煩惱生活。

　　但事實上，你這時可能因為欲望上升，可能每個月需要花 5 萬元才能滿足生活，那麼你會發現，自己很難「感受到」真正的自由。

　　欲望提升當然是沒有問題的，我們身為人類，本來就可以追求更好的生活品質；但要注意的是當欲望提升到某個程度的時候，記得「知足跟感恩」，懂得知足與感恩，那麼欲望就不會繼續升高，這時每個月的「被動收入＞每個月讓你滿足的生活開銷」，就會感受到真正的自由。

　　許多人為了讓自己看起來更有錢，買了很多**炫耀式的產品**，例如名牌車子、昂貴的衣服、包包。你要知道，**人的欲望一旦上升，就很難下降了！**

　　「原來是這樣！我一直在這個可怕的循環當中，有沒有什麼有效的辦法可以降低衝動式的欲望？」Jerry 期待地看著資產先生。

　　資產先生：「可以試著跟自己立下約定：**如果要買一樣昂貴的東西時，必須存起碼兩倍的錢！**」

　　這樣的話，一來可以避免讓自己超出預算（甚至預支好幾個月的薪水），二來可以讓自己有時間冷靜下來，考慮自己是不是**真的需要使用，而不是想要擁有。**

　　有時候人們消費只是為了自己眼前想要的，可能受周邊的人影響，「他有，我也想擁有」這樣的想法冒出，加上現在消費平臺推出很多限時優惠活動，兩者的加持下，不知不覺信用卡就刷下去了。事後心中總是有點痛，但最痛的是你的錢包。

　　當你要買一部新推出的手機時，想想自己存款是否有3萬元的兩倍，也就是6萬元的預算，這麼一想就可能立刻打破心魔，被這個金額震懾住了，等於給了自己的錢包一層防護罩。

　　在一開始累積資產的路上，我們需要拒絕一切的炫耀式財富。因為你的炫耀、打卡，可能只有享受不到一天的快樂，不會為你的生活帶來什麼巨大的改變。

　　目前你已經了解整個流程長什麼樣子了，現在再告訴你一個重點：**工作唯一的理由，就是可以讓我們提早自由**⑬。

　　如果你認為工作只是維持生活，那麼很可能需要工作到法定年齡才能退休。

　　但如果你提早認知，工作就是為了提早退休、提早享受自由，那麼整個思維會很不一樣。

如果要買昂貴的東西，必須存起碼兩倍的錢。

1-3
擺脫惡性循環，
財富管理五步驟

Jerry：「我也想進入累積資產的金錢循環，問題是現在的財務一團糟，我該怎麼辦？」

資產先生：「不用擔心，只需要下定決心開始，永遠不嫌晚。」

Jerry：「接下來該怎麼做？」

「當我們了解了賺錢的金錢循環，這裡可以運用葛蘭特・卡爾登⑭的財務管理法則。」

資產先生在紙上寫了五個步驟。

💰 第一步：設定終極目標，累積被動收入啓動金

設定一個**財富的終極目標**，例如你想要在退休前有 500 萬的現金。然後把目標切成 10 等分，用**最快的速度**先存到這個目標的 1／10，以 500 萬為例，你的第一要務就是快速賺到 50 萬。

之後就是用這 50 萬來創造更多的被動收入，也就是「**被**

動收入啓動金」。

　　設定終極目標很重要，可以把目標放大一點。**訂目標的高度，會決定你要投入的努力程度**。比如考試滿分是 100 分，你訂的目標是 100 分，也許不小心還是能考到 80 幾分；如果訂的目標是 60 分，最後拿到的分數有九成以上會不及格。這可以解釋爲現實與理想有落差。

　　而設定 1 / 10，也是有用意的。因爲我們在思考怎麼訂目標時，無形中會去衡量自己的能力是否能達成，某種程度上設了一個枷鎖。這裡先把終極目標變成 1 / 10，就是要你立即行動。想辦法快速踏出一步，爲了這個目標想盡辦法完成，如果你的時間與體力允許，也可以讓自己有更多收入來源。

　　之後章節，會提到更多不同人生階段的財富目標設定。

第二步：把所有存到的錢，轉成好的投資

　　在你擁有第一個「**被動收入啓動金**」之後，還是必須**努力增加工作收入或減少開支**，試著達到「**每月可以省下四成工作所得**」的境界，也就是達到40％以上的儲蓄率⑮。

　　前幾年我在一個偶然的機會下，與一個老前輩在聊理財的概念。

　　他以前家裡很窮，給他的資源也不多，出社會後他很努力，後來年薪終於有百萬以上，當他自信滿滿地回老家，跟老爸分享其成就時，他老爸說：「**重要的是你能存多**

少，而不是賺了多少！」回了他這句話後，就默默地就離開了現場。

他老爸心裡很了解他的兒子，賺錢本身很有一套，但相對的開銷也跟著膨脹，一來一往，真正拿到手的，也只是大桶水缸的一瓢。

那時候他才恍然大悟，原來不是只有提高收入就好，存下來的錢才是真的。

只有存錢是不夠的，這裡的存錢是把錢轉成好的投資，例如收租的房子，好的股票股息等；切記不碰投機的商品，要保護好自己的本金。

如果把被動收入比喻為小雞（當然是母的），一開始能生產的價值必定很小、不夠多，所以需要努力工作，讓自己賺的錢變多，控制並減少不必要的花費，把存下來的錢當成小雞養分，餵養小雞讓它慢慢長大。

第三步：拒絕所有「炫耀式消費」

在你達成財務自由的目標前，必須拒絕所有**「炫耀式消費」**。

例如買一輛好的電動車，或是去漂亮的咖啡店喝昂貴的咖啡，就是為了發一張照片，只要是你想秀給別人看的，都可歸類是炫耀式財富。當然不是不能買，而是要了解每次的購買，都在延後自己的退休。

試想一下，買了一輛500萬的車（這個500萬是個很神奇

的數字，後面會繼續提到），只為了讓別人以為自己很有錢，實際上生活沒有多大的改善，每年還得支付名車的維修費、保養費、停車費，甚至跟銀行貸款超過自己能負擔的比例，每個月的收入不只沒增加，反而扣得更多，**讓整個生活品質往下掉。**

葛蘭特・卡爾登甚至建議大家不買車、也不要買房自住，因為整體來說，坐計程車比較便宜，也比較省時間（不用找車位）。如果租房子比較便宜，那就以租房子為主。將人生變得更簡單，保持簡樸，你會變得更容易成功。

總結來說，就是**每次消費，都先思考有沒有更划算的方案。**

如果持續買炫耀式財富，很容易又再次掉到小確幸的惡性循環裡。

不過我的意思並不是「減少消費就是修行」，你不需要當守財奴，而是要認知到「消費行為並不一定帶給我們快樂」。這是什麼意思呢？我在後面的〈2-2破解貧窮魔咒〉會跟你分享。

第四步：讓被動收入大於自己的薪水

把**「被動收入啟動金」和每月存40％的錢繼續拿來投資，投資好的資產，並且長期持有，不輕易賣出。**持續到被動收入大於自己每月的薪水為止，就能享受真正自由了。

這件事會比你想得更快發生，因為美國股票當中，有近

1,000 支標的，每年股息都在穩定增加，也就是**你養的金母雞，會逐年越下越多蛋，被動收入會越來越多**。你最終會發現，累積「被動收入啓動金」一開始會比較慢，但後面的速度會越來越快！

許多人喜歡股息穩定的標的，但是我不喜歡。

假如你的母雞每年生的蛋價值 1 萬元，但隔年維持1萬元，那這樣你的獲利就會被物價通膨吃掉。又或者每年下的蛋都不同，這樣會影響我們退休生活的穩定度。

我會教導大家運用價值投資的觀念，選出能穩定產出金蛋的母雞品種（標的），找出眞正賺錢的公司，並且下的蛋還能越生越大顆，這樣才是好的資產，才能有持有的價值。

另外要記得，好不容易持有了會生金蛋的母雞，別像《伊索寓言》裡的那對夫妻，殺了手上的源源不絕的母雞，只爲了換取眼前不穩定的利益，貪得一夜致富。

第五步：給自己時間，讓資產持續成長

最後一步，給資產一點時間成長。

巴菲特說過：「無論你多麼的聰明與努力，有些事情就是急不得，需要時間醞釀。就像女性需要懷胎9個月才能誕生生命，你無法讓9個女生懷孕，然後希望1個月後會有孩子。」

巴菲特也說過：「我從來沒有打算短期賣出股票獲利。

相反地，當我買進股票的同時，我會假設股市明天突然關閉，需要5年後才能恢復買賣。」

這代表你要投資成功，需要一點時間的醞釀。而剛剛巴菲特提到「5年」這個數字很重要，也是象徵我們投資必須以5年為一個單位去看它，這樣你更能感受到時間的帶給你的投資收入。

如果拉長時間來看，你會發現美國股市百年來，就是**持續往上**〈圖1-3-1〉，巴菲特甚至覺得以長遠的眼光來看，股市沒有所謂的泡沫化⑯。當然，如果看短期，你會覺得投資風險很高；但長期來看，美國股市就是一路往上漲，重點在於，你是否能夠「**不恐慌地抱著股票，享受長期的獲利**」，接下來，將會告訴你應該怎麼做。

圖1-3-1 美國大盤指數100年走勢圖

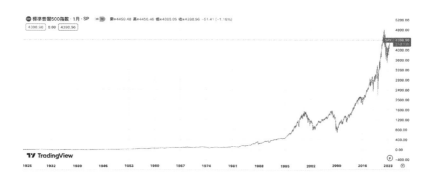

（圖片來源：https://www.tradingview.com）

1-4
停止白忙一場的投資：
最簡單的股市致富紀律

投資，必須以5年為一個單位

Jerry：「看來需要下定決心，才能享受真正的自由。」

資產先生：「對，沒有錯，要成功累積到資產，需要的是決心，以及簡單有效的方法。」

Jerry：「資產先生，可以直接教我簡單有效的方法嗎？」Jerry激動地站起身來。

資產先生：「還不行，現在還太早。我們需要先把基本觀念弄清楚，學會怎麼思考，之後學習不恐慌投資法，才會比較有效，首先你要怎麼證明你想成功的決心？」

Jerry：「我會好好地存錢，然後把錢都試著換成好的資產！對了，那投資要多久，才能看到成果？」

資產先生微笑看著他：「巴菲特說，**持有資產最好的時間是：一輩子。**」

　　「什麼！這樣不是做到老，都無法好好享受到這份資產的回報？我不就變成守財奴了……」Jerry 失望地坐回自己的位子。

　　資產先生：「守財奴並不是好的投資心態，我們並不是不享受錢帶來的好處，而是要**懂得延遲享受**。」

　　以股票為例，巴菲特建議大家**以 5 年為一個單位**來看待自己的股票。因為短期股票會受到很多環境的影響，所以我們可以至少用 5 年的角度，來看待自己的資產會比較好。也有另一個統計是，如果股票長期持有 5 年，這樣的勝率就會自然接近九成了！這時你的風險會較小〈圖 1-4-1〉。

圖 1-4-1 美國股市上漲機率 vs. 持有股票時間

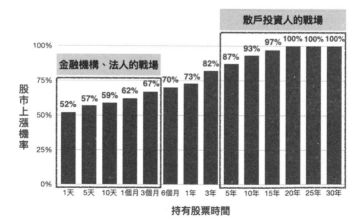

美國股市 (1928-2013)

（資料來源：https://www.morningstar.com 1928～2013）

　　Jerry盯著這張表看了許久：「所以這5年，我還需要好好地忍耐工作？」

　　資產先生：「對，你還要忍耐5年。但事實上，以價值投資的觀點來看，**投資的本質並不會影響生活，你不需要為了投資而盯盤。投資好的資產，可以讓你提早退休。**」

　　Jerry：「所以持有股票時間越長，勝率越高？」

　　資產先生：「是的，以平均來看，做3個月內的股票交易，這是給資金大、情報多的公司或金融單位投資，我們普通人要戰勝市場，時間就是我們最好的夥伴。」

唯一準則：不要讓自己的投資輸錢

　　資產先生補充：「像巴菲特所說的，投資第一守則就是不要輸錢，第二守則就是：參考第一守則。」

　　Jerry懷疑地說：「如何做到不輸錢？」

　　「這裡講的『不輸錢』，指的是有做好適當分散風險，並投資真正賺錢的標的，加上給這些資產成長的時間，你會發現『輸錢』，其實是一件很難的事！」資產先生用很肯定的話語，鼓勵著Jerry。

　　資產先生反問：「那你覺得以前還是現在的人投資股票，平均比較賺錢？」

　　Jerry：「現在的人資源比較多，也有像ChatGPT可以運用，應該是現在吧？」

　　資產先生：「不，你看看〈圖1-4-2〉。以時間來看，

1940 年代的人平均持有股票的時間有 7 年，但 2010 年以後，大家股票持有的時間只剩下半年。所以資訊越發達，讓大家更想要短期買與賣，這也造成大家都覺得股市很危險，追根究柢，其實是現在的人持有的時間都變短了！」

圖1-4-2 投資人平均投資時間

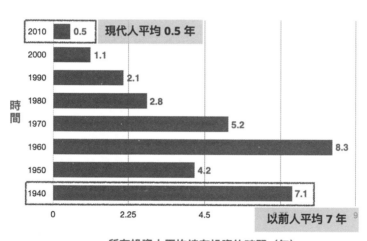

（資料來源：https://www.morningstar.com）

　　Jerry：「喔～～我懂了，所以『時間』是大部分的人輸錢的原因。而這個原因，可能是太積極關心自己的股票。」

　　資產先生：「對！你這個領悟很好。主要就是投資的心態需要做調整，這樣才能從股市當中賺到錢。」

會投資的人不會告訴你的事

Jerry 迫不及待地想要把錢投入股市：「我已經知道怎麼避開這些陷阱，現在就去投資股市了！」

資產先生聽到 Jerry 這麼說，連忙拉著他：「等等，別急，還沒說完。接下來我們來談談投資的心態問題。」

資產先生：「先來說一個故事。1950 年代有一位哈里·馬科維茲，他設計出一套可以計算投資組合風險的公式，投資人可以衡量、選擇最大預期的報酬率，與最小風險的股票。這個策略就是『平均數——變異數投資組合模型』，最後以這個模型得到諾貝爾經濟學獎。」

「這種投資組合感覺很厲害耶，到底是怎樣的組合？」Jerry 心想有這種報明牌的好事，當然得先打聽一下。

資產先生：「是的，後來許多銀行也採用這個策略來投資。但重點其實不是這個策略多厲害，而是發明這個公式的人規畫自己的退休投資時，卻不是採取這樣的策略。只是很單純的把投資做平均的分散風險，而沒有使用複雜的數學模型。」

資產先生繼續補充：「經過後人研究，把投資平均分配投資，比複雜的數學模型還要賺錢，並且贏過了十幾種複雜的投資策略。這裡只是想要表達，看起來很炫的東西，不一定就是真的厲害。**保持簡單，常常都是最好的策略。**」

Jerry：「原來常常是我們想得太複雜，簡單的投資，效果不一定比較差！」

💰 為什麼「高風險 ≠ 高報酬」？

　　Jerry 看著資產先生：「如果我那現在還年輕，願意長期持有的話，是否可以投資高風險，以獲取高的報酬率？」

　　資產先生：「你明白高風險、高報酬，這句話真正背後的意思嗎？」

　　Jerry 搔搔頭：「就是只要願意承受風險，就能得到更高的報酬！」

　　資產先生：「這就不對了，這句話真正的意思是『**高風險、低機率、高報酬**』。」

　　Jerry：「如果這樣，為什麼還要冒風險？」

　　資產先生：「應該這麼說，就因為是高風險，獲利很不穩定，所以我們必須要求高報酬，來彌補損失。

　　「但要注意，獲得高的報酬率，並不一定要冒大的風險，重點在於**我們需要先專注風險，再來看報酬率。**」

　　一般人通常看到高報酬時，都只是幻想著可以拿到多少而開心不已，隱藏的高風險這件事，直接忽略無視。就像去賭場的時候，我們都在想像自己中獎時的感覺，卻忽略了贏錢的機率是很低的。

　　為何賺錢、投資相關的騙局會很盛行？就是利用了人性的弱點：見錢眼開。

　　當你思考著報酬率的時候，我們的大腦就會自動忽略風險。

　　在撲克牌玩家中有句話是這樣說的：「每個遊戲場上都有

一條魚⑰，如果你玩了 45 分鐘之後還不知道誰是那條魚，那你就是那條魚。」

在撲克牌遊戲中的魚，一般代表著輸家，就如同只看到高報酬的人，一無所知地投入自己的財產，結果就可想而知了。

然而有沒有辦法盡量拉低風險，仍然維持著一定的高報酬？首先你要知道，自己所投資的東西，是不是真正的資產。

投資買的是公司，不是股票

「資產先生，我聽了你的建議，決定要投資一些股票，但不知道要投資哪一支比較好？索性就買了幾支聽過的股票，結果其中有幾支就……」

Jerry 沒說出口，但可想而知，結果很不妙。

Jerry 低著頭非常懊惱：「我都不知道該怎麼買股票了。」

資產先生：「其實，我們看似要買股票，實際上買的是公司。」

Jerry：「買的是公司？」

資產先生：「是的，如果你想的是股票，那可能你會覺得股市就是一種數字遊戲。但如果設想買的是公司，是**真實摸得到的企業**，那你的心態也會不一樣。」

「可以舉個例子嗎？」Jerry 想學習得更多。

　　資產先生：「像是如果購買了麥當勞股票（美股代碼：MCD⑱），那你可以想像，你就擁有了麥當勞事業的一部分。當你擁有 1 股股票⑲，想想下次去吃麥當勞時，會有什麼樣的感受？」

　　Jerry 的腦中浮現大大的黃金 M 字符號：「嗯，那我可能吃薯條時，會想著薯條熱不熱、好不好吃，因為我是股東嘛！」

　　資產先生點頭說道：「對，就像是股東去巡店那樣，我們看事情的角度已經不一樣，就像是公司的合夥人一樣。」

你就是公司的合夥人

　　巴菲特曾說過，我們買 1 股股票的態度，跟併購一間公司的心態要是一樣的。

　　因為我們是合夥人，所以不應該將股票短進短出。

　　想想看，如果你投資朋友的事業，然後你下個月跟朋友說：「我想把資金抽回來！」

　　想想朋友會有什麼樣的感覺？

　　所以我們買進 1 股的股票，就等於擁有這間企業的一部分，這時你就是公司的合夥人了！

　　我們把「炒股票」，換成「合夥人」，這時你發現你對於股票的態度就完全不一樣，你可以是：

　　蘋果公司的合夥人（美股代碼：AAPL）。

　　LV 的合夥人（美股代碼：LVMUY）。

迪士尼公司的合夥人（美股代碼：DIS）。

可口可樂公司的合夥人（美股代碼：KO）。

甚至直接與股神巴菲特變成合夥人（股票代碼：BRK.A／BRK.B[20]）。

買股票的同時，你已經晉升為比老闆更厲害的等級：**真正的股東**。這時這間公司的員工，每一個人……甚至公司的老闆，也要替股東好好工作，幫股東賺錢。

想想看，你未來是許多所有知名的企業公司的合夥人，你有沒發現對股市的態度已經截然不同了？

用這樣的心態，你就自然可以更長期持有股票，這才是股市唯一需要的心態。

買一股股票，要和併購一間公司的態度相同。

第二章
擁有真正的資產，是自由的鑰匙

這一章我希望你知道的是：

透過有效率的系統，任何人都可以成功累積資產！從設定資產目標起步，專注在具生產力的資產，而這個過程中，價值投資將幫你走得又長又穩。

假如你是股市老鳥，卻經常報酬損益正負相抵、收益為零；或者你是投資新手，光是提到「投資」就怕被割韭菜、連碰都不敢碰股市，這章節將帶你從股神巴菲特的故事重新認識股市，**你會發現在成熟的市場用有系統的方式，「投資」可以安全地帶你慢慢致富。**

2-1
不可不知的資產累積
五階段、三大類型

資產累積的五階段

　　資產先生問 Jerry：「你的目標是想累積多少資產？如果換算成現金，你覺得這個數字是多少？」

　　「我覺得成爲百萬美元富翁，感覺挺不錯的！」Jerry 眼神發光地回答。

　　資產先生：「這是一個不錯的目標，通常如果是學生，我會建議第一個階段先累積 10 萬臺幣，當作是第一個『本金』，開始享受累積本金的樂趣。

　　「第二個階段就是累積第一桶金：100 萬臺幣，100 是一個整數，擁有這筆錢，心中也才會開始比較踏實。

　　「第三個階段可以設定 300 萬臺幣，因爲在臺灣，如果你的存款超過 300 萬臺幣，那你就是銀行眼中的 VIP 客戶了，在銀行的財務往來，也通常會有 VIP 服務的待遇。

　　「第四個階段就是 500 萬臺幣，想想看，如果你的投資

報酬率平均一年是10％，那麼500萬能產生50萬的收入，50萬差不多等同一個臺灣上班族的年薪，到了這個階段，你就會慢慢體驗到自由的感覺。

「第五個階段你可以挑戰3,000萬臺幣，也就是大約100萬美元。如果在銀行存有這筆錢，那你就是銀行眼中的VVIP客戶！當然囉，資產是越多越好。」

圖2-1-1　資產累積的五階段

百萬美元富翁 3000 萬臺幣
富足 500 萬臺幣
VIP 300 萬臺幣
踏實 100 萬臺幣
起步 10 萬臺幣

Jerry看到這張資產累積圖也充滿了動力：「這樣我就有明確的目標了！如果我有3,000萬臺幣，那生活一定會過得很精采！也許會有一輛進口房車、一棟度假屋，也會有……」

看著Jerry編織著夢想生活的藍圖，資產先生打斷他的想像：「Jerry，這個思維是不會讓你累積到資產的，你要記得，這些錢是不能花的。」

Jerry：「什麼！有3,000萬卻不能花？那我存這麼多錢要

幹麼？」

　　當你的人生目標是存到 3,000 萬臺幣，那麼你的第一個想法是什麼？是不是跟 Jerry 一樣，想的是「如何花這筆錢」？在累積資產的起點我想提醒你：**眼前所看到的，不代表真正的財富。**這是什麼意思呢？

　　許多人想要成為百萬富翁，其實內心想的是「我想要百萬」，並且我想要花掉一百萬，而不是「我想要累積百萬」，這兩者之間所代表的觀念是截然不同的，如果這個觀念沒弄清楚，你就很難成為百萬富翁。

　　大部分你「看得到的」，都不是資產。但是通常擁有這些東西的人，會讓自己感覺到很有錢。

　　一般人習慣將財富與對外展現的奢華聯想在一起，這也是我們天生的本能：看到一棟坐落在市中心獨棟的房子，四周是修剪整齊的草坪、門前有華麗的裝飾、開著數百萬元的名車、身上穿著名設計師設計的服飾⋯⋯我們通常會說這種人就是「有錢人」，然而這些「看得到的」不代表他們很有錢，只是代表他們花很多錢罷了。

　　真正的有錢人多數不太相信「擁有越多物質享受越好」的觀點。因為財富其實是你看不到的資產，銀行帳戶的數字、投資的資產、或是交易對帳單，這些才是真正的資產，但因為我們通常無法看到這些，所以容易以眼前所看到的事物來衡量。

　　我們應該要累積財富，而不是看起來有錢。

🪙 巴菲特最喜歡的資產類型

「好希望自己的資產越來越多呀！」Jerry 手托腮幻想著自己有好幾座金山銀山。

資產先生：「你也可以呀！不過得先知道什麼是資產，你知道資產可分幾種嗎？」

Jerry：「我只知道存在銀行跟我手上現有的，都是我的資產！」

資產先生：「不只這些，我們以巴菲特的說法來解釋。」

巴菲特覺得資產有三大類：現金（存款、債券）、不具生產力的資產、具有生產力的資產。

圖 2-1-2　三大類資產

現金
currency based investment

不具生產力
資產
unproductive asset

具生產力
資產
productive asset

🪙 第一類：現金

將現金存放在銀行存款是一種形式，比如定存，每個月定存一筆錢，這樣隔年每個月都能有一筆錢到期，可以運

用。

　　「現金轉存」為以貨幣基礎的投資標的，例如轉成美元。
這種方式被大多數人視為「安全」，**其實是非常危險的資
產**。從股票投資的風險評估角度來看，它們的 β 值㉑或許是
零，但實際上投資風險非常大，這是因為貨幣會因為經濟
和政治環境、貿易和資本流動的變化、中央銀行實施的貨
幣政策等因素，導致這筆投資報酬大幅度變動。

　　太多需要注意的因素很難兼顧，〈圖 2-1-3〉來看，假
設 29 元以下買，31 元以上賣，最短要等一年，最長要等三
年，報酬率為 2%～8% 浮動。

圖 2-1-3　美元與臺幣匯率變化圖

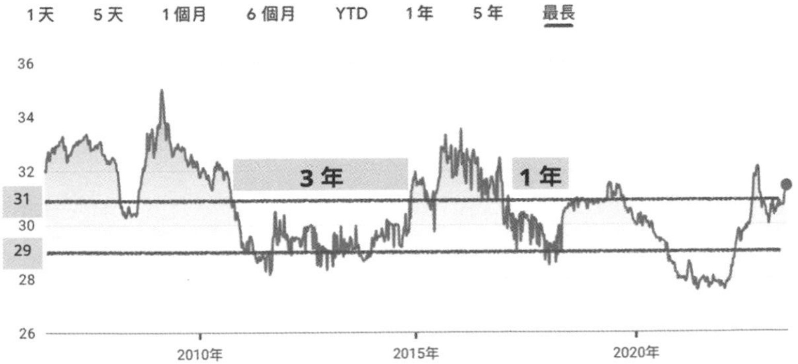

（圖片來源：「Google 財經」，美元兌換為新臺幣，由作者所整理）

　　另一種存放現金的形式是**將現金轉化為債券**。取四十年
的歷史區間，持續投資在美國國庫券上，年化報酬率為

5.7％，但如果投資人平均繳25％的個人所得稅（依據個人財力有所不同），這5.7％的**報酬將無法產生任何實質收益**。

因為投資人要繳的所得稅將吃掉看得見的1.4％報酬率，而剩下看不見的4.3％將被「通膨」吃得一乾二淨，隱藏的「通膨稅」造成的損失，其實是所得稅的3倍以上。簡單來說利率如果夠高，投資在上述標的所面臨的通膨風險可以得到充分補償，但事實是目前的利率，遠不足以補償損失的風險。

Jerry想了想反問：「這個意思是說，現金轉投資貨幣或債券不好囉？」

資產先生搖搖頭：「上述方式不是不能用，但還是要回歸**現金的主要功能是以備不時之需**，因此你應該從『**短暫存放在身邊**』的觀點來思考存放現金的方式，而不是把全部的錢放在投資上。」

巴菲特在2007年年底，他的波克夏‧海瑟威公司㉒有現金與準現金377億美元、固定收益證券285億美元，兩項合計662億美元，為的是等待一個良好的買入時機。

畢竟，如果等到一個好時機，手上卻沒有現金，豈不是只能眼睜睜地錯過？所以得**保留一些流動性資金是必要的**。

第二類：不具生產力的資產

我們來說說「不具生產力的資產」，這種類型的資產主要

是希望別人用更高的價格來跟你買，本身沒辦法擺著生利息，例如黃金就是這類資產。在各個投資環境中，不管是黃金存摺也好，追蹤黃金指數的股票、ETF 也罷，沒有一種是會給利息的。

Jerry 思考了一下說：「就算不配息，但我聽說黃金可以保值，總還是值得投資的吧？」

資產先生聳聳肩：「保值乍聽很不錯，對吧？不過『太穩定』反而正是你應該小心的地方哦！」

巴菲特不投資黃金，因為他認為黃金有兩個明顯的缺點：

一是沒有太多的用途，某些工業或是裝飾用途會使用，但這類的需求有限，沒辦法有能力消化新增的黃金產量，擁有像手機這樣的銷售量。

二是沒有「生產繁殖」能力，本身不會產生額外的價值。

他認為：「如果你擁有1盎司黃金，你在死的時候還是擁有1盎司黃金。」

黃金受到歷史因素影響，具有貨幣屬性，價格受國際政治、經濟影響很大，被個體操縱的空間相對較小。通常要期待有漲幅空間的話，會在需要保值的環境下，或是發生金融海嘯時，短期則會受到戰爭等因素影響，以下是黃金、股市和債券回報的比較〈圖2-1-4〉：

圖 2-1-4

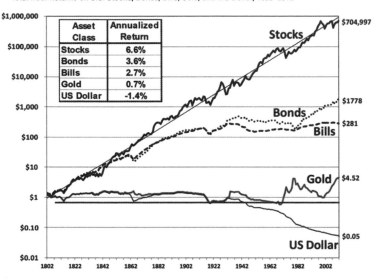

FIGURE 1–1

Total Real Returns on U.S. Stocks, Bonds, Bills, Gold, and the Dollar, 1802–2012

（圖片來源：Stocks for the Long Run㉓ https://www.capitalalphabet.com/stocks-for-long-run）

因此，巴菲特「不愛」黃金，主要是因為黃金價值的穩定性，獲利空間有限。

第三類：具有生產力的資產

聽到這裡 Jerry 哀嚎著，「外匯、債券風險高，黃金獲利有限，那我到底該投資什麼才會越來越有錢啊？」

資產先生：「那麼接下來的第三種資產你可要仔細聽囉！

『具生產力的資產』，就是有辦法自己產生額外價值的資產，也是財富累積的關鍵！」

以下舉例一個例子：

1986 年，巴菲特在奧馬哈以北，以 28 萬美元買了一塊面積 400 英畝的農場，當時他對農場的經營是一無所知，不過他有個兒子卻很熱愛務農，把那個農場可以種植的作物、經營費用等等都告訴了巴菲特。藉此，巴菲特能估算出這個農場可以給他約 10% 的報酬率，以長期而言，農場的生產力將成長，農場品的價格也會上升。

直到目前為止，巴菲特已經持有那塊地三十多年，農場每年的盈利已增加了 2 倍，價值是當年購買價格的 5 倍以上。

除了農田以外，不動產和企業所有權，這兩項也會產生額外的財富價值。

吃一口成不了一個胖子，需注意的是「具有生產力的資產」要持有；而不是拿來交易，因為一直持有，才會帶來長期增值的收益，而這種資產也是巴菲特最愛的。

我們在資產分配時，也要盡可能地配置大部分在具有生產力的資產，並長期持有，如此一來，時間會一點一滴降低你的成本，到了後半段效益就會變得巨大無比。

2-2
破解貧窮魔咒：
這些迷思正在阻止你變有錢

🏦 「想有錢」很好，但「只想有錢」往往不快樂

「我稍微了解什麼是資產了，但對於金錢，總覺得我對它的定義有點膚淺。」

Jerry 聽完了剛剛的說明，感覺腦袋有點混亂。

「你能跟我聊聊，你是怎麼看待金錢的嗎？」

資產先生：「當然可以！」

錢，要讓它有一定的流動性，卻又留有盈餘。 不要讓池子裡的水變成死水，那樣只會一天天地減少，有流動性才會有不一樣的收穫。當然這種流動性不能是巨大的量，一下子把池子裡的水放光了，就什麼都沒有了。

生活中會有很多開銷，其中占比最多的卻是生活中不需要的。這裡不是要讓你過著無欲的生活，練就一身守財奴的性格，因為只把錢存起來、不花一毛錢，就像拿鍋蓋去蓋沸騰的水，時間久了它也會爆炸。

「少花點錢」其實算不上是犧牲，也不是修行，主要是大部分的消費行為並不會帶給我們太多的快樂。把金錢消耗在追隨市場流行（當下熱門的投資也算是其中之一），無法得到真正的快樂。

那麼該如何運用金錢在真正能幫助我們獲得快樂的活動呢？

《演算法股神》的作者瑞・達利歐說：「金錢沒有內在價值，它的價值來自於它能買到的東西。比較聰明的做法是**先確定你真正想要的東西**，那才是你真正的目標，**而後想實現目標需要做什麼。**」

如果想要有幸福的家庭，你應該多花點時間陪伴家人，一起討論共通參與的活動，也許是為期幾天的小旅行，又或者是探索不一樣的小吃；如果想要有健康的身體，應該多花點時間做做戶外運動，約朋友一起慢跑，或是去健身房。

那麼如果想有錢呢？很直白的問題，誰不想要錢呢？

當問題是「想有錢」的時候，很奇怪的是我們的專注力，只是集中在「錢」這個點上，其他周圍的東西都看不見，背後的危險也看不見，只計算著眼前能獲得多少，卻不知道有著一把刀正準備砍過來。

有人告訴你某個投資機會很棒，只要投入一點點錢，過一段時間甚至能翻倍再翻倍，絕對不要錯過這個好機會，現在不買就來不及了。試著想想，是不是就是「只看到眼前的『錢』」？

究其原因，如果只考慮「自己」時，是不能真正得到幸福的。

追隨市場潮流消費或投資無法得到快樂，真正的快樂取決於能夠創造幸福感的活動上，例如與家人的相互陪伴、與知心好友一同體驗人生、讓自己的身體保持健康、讓自己的知識和智慧持續成長等等。

我們得把注意力轉移到更上層的思想，隨著財富慢慢增長，也就會逐漸意識到**金錢並不是最重要的，錢只是附加的**。

《金錢超思考》一書中提過，「如果金錢不能讓你快樂，那麼很可能是你花錢的方式不正確。」

那麼如何花錢才正確？書中提到一點，如果我們把錢花在別人身上，會比花在自己身上更快樂，這是因為金錢讓我們有機會與我們在乎的人一起度過特別的時光㉔。

當我們能夠掌握自己的財務，隨著金錢的增加，我們會有更多的控制權、選擇權。

因此累積到一定的財富時，你該開始學習別讓「閒錢」變成自己的焦慮，而處理大量財富的最好方法，是將它們回饋社會。

心態提升到為他人回饋，你的財富反而會增長得越快。

🗒️ 「積極工作」能賺更多，「積極交易」反而虧多

Jerry：「資產先生，你前面說過『好好工作，才能累積更多資產去投資』，那在投資的時候，我們是不是也越積極交易，就能賺越多錢呢？」

資產先生：「你這麼說就掉入金錢陷阱了。讓我來用真實案例告訴你為什麼……」

從遠古的時代起，我們就以「模仿」的方式學習怎麼生存，尋找著一套讓我們吃飽穿暖的模式，久而久之，想過好的生活成為根深柢固的嚮往，隨之而來的是害怕失去這一切的恐懼。恐懼一方面能讓我們避免不必要的損失，一方面也讓我們相信：「只要我們夠勤勞、多付出一些，就能有更多的食物生存。」

然而這樣的天性進到投資領域中，卻不會讓我們產生更大的收益。我們「勤勞」積極地買賣股票，因為相信「積極」與「收穫」成正比，然而過度頻繁交易，往往產生龐大的投資成本（手續費等等）。

以亞馬遜（美股代碼：AMZN）為例，2015 年股價為 15 元左右，每次漲一點賣掉，持續到現在可能就賺個 20～30 元左右，但如果從 2015 年一直放到現在（2023 年），報酬率將超過 553％。

圖2-2-1　AMZN股價圖

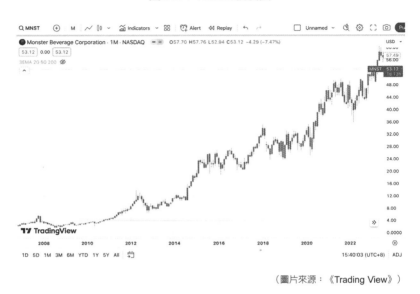

（圖片來源：《Trading View》）

　　市場會脅迫與引誘我們改變心意。容易看了價格，卻忘了價值。

　　價格的震盪，往往容易擾亂了我們的思緒。

　　一時因為短期摔跌而急於拋售股票就是一種過度的行為，因為現在拋售你也許可以取回一點點的報酬，也許是10～30%，但更有可能是虧損。

　　計較一時的得失，反而會失去更多。

　　巴菲特曾說過，股市如果用長期的眼光來看，並沒有所謂的泡沫化，股市「長期」是樂觀的，就算是一百年後也是一樣。

　　我們要專注的是公司的價值，而不是看股價來決定公司的

價值。

　　一般人為何想要過於積極地交易，原因在於想要獲取更大的報酬率，但如同霍華‧馬克斯在著作《投資最重要的事》㉕中所說，一般的投資者追求在相同的風險下，想要賺取更多的收益；但真正優異的投資者，是追求同的收益之下，如何降低風險。所以「專注風險」，才是我們投資人應該要追求的，這樣長期下來，才能讓投資為我們帶來更多的財富。

圖2-2-2　優異投資者與一般投資者差別

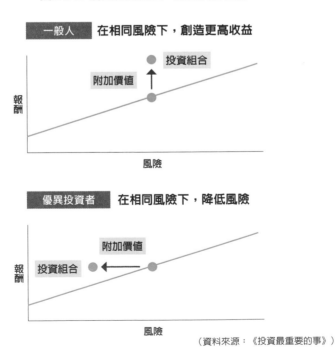

（資料來源：《投資最重要的事》）

好的投資累積財富，錯的心態無法致富

我們都知道，累積財富較好的方式就是投資，然而無論你剛踏入投資世界，或者已在股海打滾多年，**情緒化的投資心態，經常讓人難以累積財富。**

1. 心情隨股價起伏

一種是不少投資人一看到股價上漲了，就開始興奮，以為自己看準了；一旦股價下跌，就茶飯不思，心情低落。

這是什麼心情呢？讓我引用巴菲特的漢堡比喻解釋給你聽。

假設你一輩子都吃漢堡，某天你買了個漢堡，隔天再買的時候發現價格漲了，你對此非常開心，因為昨天的自己賺了價差。

這樣的反應其實毫無意義，因為你忽略的是，之後每天還是得繼續買啊！假如你意識到食物還是要吃，對於價格的漲跌就不會這麼一驚一乍。

股市也是一樣，總是會有漲有跌，計較一時的得失，反而會失去更多。

2. 無論漲跌都猶豫不決

另一種情況是這樣：

　　當一支股票從每股 155 元掉到 125 元時，當下會猶豫要不要買，又會想現在買會不會又繼續跌。過了一段時間，股價由 125 元又漲回 155 元，這時候會相當後悔之前怎麼沒有下手多買一些，不經有點惋惜，不過因為價格漲回來了，索性就沒了要買的衝動。

　　這時，股價又調回 127 元左右。

　　如果是這個機會重新擺回你面前，你會如何做選擇？

　　All in？

　　我想可能有些讀者會有這種想法，甚至可能拿房屋來貸款或是借款來「下注」，以求翻盤的機會。

　　但是翻盤又能翻多少？如果這次反而往下跌呢？你的資金又能維持多久？

　　財富的累積過程需要經驗，被封「德國巴菲特」的投資大師—安德烈・科斯托蘭尼，他曾說自己所投資的股票中有49％賠錢的，藉此告誡一心想在股市一夜致富、做這種發財夢的人。能維持他住豪宅、享受美食等等的奢侈生活靠的是剩下賺錢的51％。

　　那麼這就說明一點，如果你是抱著投機的心態來投資股票，很大的機率起碼有49％的資金先賠掉。

　　1,000 萬的資金一下子直接蒸發 490 萬，這時候我們很容易心急想趕快在股市裡賺 2 倍，把之前賠的賺回來。花錢的速度可以很快，**賠錢的速度也很快，而賺錢卻是要慢慢等待、一點一點累積**，賺錢與賠錢不成正比，這個道理卻很容易讓人遺忘。

　　如果已經賠掉49％的情況下，還是不知道科斯托蘭尼另外51％是怎麼獲利的，很快地連手中的51％資金也會賠光，一切歸零。

　　在科斯托蘭尼的敘述中，投資人分成「固執」「猶豫」兩類，其中以「固執」的投資人經過「漫長的訓練期」，略勝於「猶豫」的投資人，「固執」不同於「猶豫」的地方有四點：

　　1.不人云亦云。

　　2.不因手上股票跌或是不動而失去耐心。

　　3.投資的錢都是他所有，非借貸。

　　4.好運加持。

　　其中以第二點的「耐心」最為重要。科斯托蘭尼認為：「在交易所裡賺的是痛苦的錢，先有了痛苦，之後才會賺錢。」因為得到了教訓，才會開始慢慢練出耐性。

　　收穫與投入是有時間差的，人需要耐心等待。

　　巴菲特曾經告訴一對夫妻一支股票，並告知對方要堅持持有5年以上，如果沒辦法保證持有這麼長時間，不建議購買。丈夫聽從建議，拿了80％的資金投入這支股票。

　　在持有期間，妻子因為持有時間太長了，又看不到眼前的利益，常常與她丈夫發生爭執，逼她丈夫賣掉股票，但丈夫並沒有聽從，繼續堅持當初的選擇。

　　5年後，股價漲了8倍。

　　以上的例子，投入多少的資金、之後拿到幾倍的報酬，都不是重點，重點是巴菲特是怎麼選到好股票的呢？事實上

巴菲特的投資，都有他自己的一套方式評估這間公司是否值得投資，而不是跟從流行的熱門股（通常熱門股的價格早就被炒高）。

再來就是長期持有，就像剛剛說的，錢得一點一點賺，公司的錢也是如此，一年、兩年公司需要資金周轉，購買設備等等，帳面上無法立刻就看到獲利，甚至會看到股票虧損的狀況，但內部在一點點往好的方面運作，階段性地推展事業，累積到一定時間就會有巨大的收穫。

科斯托蘭尼曾說過一個「安眠藥理論」：買一張股票（績優股或後勢看好的股票），然後去藥房買一堆安眠藥，吃下去，大睡十年，醒來後發現意外賺錢了。

而巴菲特經過自己的「判斷」，讓股票的收穫更有機率地放大了。他的投資估價方式，我們在後面單元中慢慢和大家分析。

「一夕致富」常常等於「快速入貧」

Jerry：「資產先生，這幾年虛擬貨幣很盛行耶，我是不是也該來組一些電腦來挖礦，當礦工。哪天我就因此發了財！哈哈。資產先生你要不要也一起？」

「虛擬貨幣嗎？我對它不太了解，應該說有太多因素會影響，風險太高了。」

資產先生拿出了一張圖表，說：「我這裡有LUNA加密貨幣的趨勢圖〈圖2-2-3〉，前期很好對吧？

圖2-2-3 LUNA 股價圖

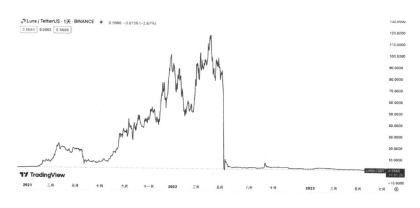

（圖片來源：《Trading View》）

「但你看看後面，這樣你還敢投資嗎？

「虛擬貨幣有一個缺點，就是不像公司有財務報表㉖可以看，無法看出真正的『價值』，雖然不可否認虛擬貨幣相關技術對世界的發展的貢獻，但對於投資，我們總不能期望下一個笨蛋，用更高的價錢來買我手上的標的。」

Jerry 心虛地說：「那我還是先學習價值投資，學會判斷公司真正的價值是什麼……」

根據韓國金融服務委員會（FSC）2021 年的統計，韓國人年輕人（20-39歲）有23％的人投資加密貨幣（虛擬貨幣的一種）。 幾乎等於是每5個年輕人當中，就有1個人在投資加密貨幣。其中有33％的人，投資的原因是因為「投資報酬率高」，另外15％的人表示這是「跨越社會階級的機會」。

　　這也起因於近年的世界不安穩，從中美貿易戰、新冠肺炎蔓延、全球供應鏈卡住、物價通膨快速、烏俄戰爭等等，一環扣一環，造成失業率上升。年輕人找工作變得更困難，當他們遇到「新的投資商品」，就會以為是改變命運的時刻。

　　人生遇到困難的時候，任何「機會」都很容易被誤認為是救命稻草。這也是這個世界上總是不缺新的投資機會，因為這些伴隨「危險」的機會，總是可以吸引到非常多的人來投資。

　　上面講到的虛擬貨幣LUNA，曾經是韓國前五大的虛擬貨幣，在 2022 年 5 月，三天的時間跌了 99.9％，讓許多壓身家、甚至大量借款的人，瞬間進入了財務困境，也造成了不少社會事件（包含臺灣人）。

　　為何會發生這樣的事？

　　主要是網路上、新聞上，充斥著靠著某些金融商品，就能快速致富的故事。這些故事常常勾引我們「羨慕別人的生活」，而我們同時「對未來感到不確定」，在這些因素的交織下，這時上天不知為何，就會賜予我們冒險投資的勇氣（我個人認為這是上天設計人類的 bug）。

　　雖然虛擬貨幣有一個名字叫做數位「資產」，對我來說，卻不是真正的「資產」，前面說到的三種資產，才是真正的資產。

　　我在這裡，並不是在否定虛擬貨幣，或者是說區塊鏈這技術的價值。而是很多人以為看一本書、看一個 YouTube 影

片、上一堂投資相關課程，再加上一點點自己「短期」成功的經驗，就覺得自己已經是大師，實則不然。

我很喜歡作家羅伯特‧海萊恩所說的一句話：

「Never underestimate the power of human stupidity.」

（永遠不要低估人類愚蠢的力量。）

大名鼎鼎的科學家牛頓，也曾經跟風投資股市，最後落到慘賠的結果㉗，他說：「我能計算天體的運行軌跡，卻無法計算人類的瘋狂。」

當你在追求一夕致富的機會時，有很大的機率，你正在快速入貧。

收穫和投入是有時間差的，需要耐心等待。

2-3
不用盯盤的美股價值投資

什麼是「價值投資」？

Jerry 聽了資產先生說了很多，感覺似乎掌握了一些要領，卻還是對投資感到很模糊：「資產先生，我現在知道了許多投資正確的心態，但還是不知道進到股市該投資什麼……我也很想像巴菲特那樣投資股票，但該怎麼做呢？」

資產先生：「如果想效法巴菲特集中投資這種股票，你必須做一些分析，而且首先要明白公司各項資產的實際經濟價值（可實現的清算價值），也就是『價值投資』。」

Jerry 一臉似懂非懂地問：「價值投資……那麼我可以怎麼做呢？」

資產先生：「讓我來用巴菲特經典的登普斯特投資案㉓說給你聽。」

登普斯特是一家美國農具機械製造公司，巴菲特從 1956 年開始投資。從這項投資項目的故事，我們可以看出巴菲

特最初如何逐項評估資產價值。

巴菲特當時說：「我們估計的**價值**不應該是我們期望標的公司未來能有的價值，也不應該是心急的買家可能願意支付的代價，而是我**對現行情況下、相對快速地賣掉手上部分可以拿到多少錢的估計**。」

登普斯特在 1970 年代時，有嚴重且不斷增加的庫存問題，當時巴菲特試圖與既有的管理階層合作解決這個問題，但管理階層表面上很合作，實際卻能力或意願不足，結果就是庫存仍然持續增加。

當時債權銀行擔心公司破產，想清算該公司，於是巴菲特和合夥人查理‧蒙格㉙商議後，另聘管理階層到公司最大的倉庫，請一名油漆工離地 3 公尺，在牆上畫一條白線。

他說：「如果我下次來到這裡，庫存超過白線，就開除運輸部門以外的所有人，此外我還會逐漸下移白線，直到庫存周轉達到滿意的程度。」

這樣的做法讓公司庫存從 400 萬降到 100 萬，削減一半的行政和行銷費用，將沒有生產力的部門換成現金，合理地調整產品價格，減輕貸款負擔。

如此一來，營業績效大幅改善，也降低資金的需求，公司的製造業務只占資產的 60%，不過因為資金過剩會繳納非常多的稅，在這樣的情況下，巴菲特採取賣掉其他的營運資產，公司清算後得到的全部資金，再按照比例分給股東，能讓營業利益維持在一定的所得內，不會繳過多的公司稅。

　　其實登普斯特公司舊管理階層配合度低，是因為他們覺得公司別無選擇，只能繼續將資金投入報酬低的現有業務，結果讓低報酬的情況一直持續下去。

　　但是**巴菲特投資的絕對標準是鎖住該公司資產上的資本，尋求最高報酬**，不再將資金投入低報酬的業務中，並開始處理掉。也因為這個標準，讓巴菲特不會被公司的既定印象所局限。

　　巴菲特為什麼這樣做呢？這就要以企業管理的角度理解了。

企業在營運上可以利用三種方法增加價值：

1.提高銷售額。

2.降低成本對銷售額的百分比→降低營業成本。

3.降低資產對銷售額的比例→降低庫存量。

或兩種財務手段：

1.提高財務槓桿：用貸款加碼股票。

2.降低節稅：賣掉營運資產。

　　從登普斯特公司當年的營運狀況來看，降低庫存和營業成本是最好的打算。

　　以結果來看，當初巴菲特投資登普斯特的成本每股約為30美元，出售部分業務後，加上投資處核的獲利，每股到達80美元。

　　公司資產多寡就像一面鏡子，能相當直接反映出公司的營運狀況，持續獲利的公司會將現金轉為擴廠、人事擴編等資產，也就是說，資產越多的公司越值得期待它的未來成

長。

　　資產同時也是公司的基石，任何產業拉長時間來看，都會面臨產業轉型，當一間公司有充足資產，相對就比較有能力戰勝過渡期、成功轉型。

　　不盯盤的價值投資，要更關注「資產」。通常我們會說，投資要看一間公司賺不賺錢，這沒有錯，但**「賺錢」看的是「現在」，和事實會「有誤差」**（第四章會用本益比詳細解釋），**而資產則是變動性不大的結果。**

只有獨立思考，才能投資獲勝

　　Jerry 對於價值投資逐漸有些許的了解：「巴菲特真的對股東很好！能有這樣的管理者，公司一定能穩定賺錢。」

　　資產先生：「**價值投資**的宗旨是讓我們**關注在公司**這個角度，只有公司賺錢，有獲利的情況下，對股東才會是有實質幫助的，畢竟，**股東與公司的利益是綁在一起的。**」

　　Jerry：「資產先生，市面上這麼多投資成功的案例，我參考他們的投資標的就好了，為什麼還要學價值投資呢？」

　　資產先生：「Jerry，你忘記前面所說的嗎？往往就是『盲目模仿』，投資才不成功啊！」

　　在夜市，看到許多人排隊，大多數情況下，那個攤位賣的東西應該很好吃；當你騎車在一條陌生的道路上，沒有使用Google 導航的情況下，別人騎哪邊，跟著別人騎，通常

都能繞出原本迷路的區域。這是人的本能反應，在多數情況下是非常有效的。

投資卻不是這樣，試想跟著大家賺錢，就算沒有吃到肉，也能喝到湯，這情況沒問題，只是賺得多賺得少而已；但大家賠錢時，你也想跟著賠錢嗎？

況且每個人的資金不一樣，這項投資對有些人來說可能可有可無，對於你來說卻可能是好幾個月、甚至好幾年的積蓄，**能承受風險的程度不一樣，痛的感覺當然也不一樣**。

幾年前，我看到鄰居家的小孩，因為做了一些創意的遊戲，自得其樂，父母卻唸他：「你怎麼不跟其他的孩子一起玩呢？」

轉眼間過了五、六年，偶然間聽到那對父母在對他的小孩說：「你怎麼每樣事情都這麼普通，沒有什麼出色的表現？」

我不禁搖搖頭，明明教小孩跟隨大家的想法與做法，日積月累的影響下，又怎能取得優於大眾平均水準的能力？

投資想要成功，得要培養獨立思考的能力，也要鍛鍊出與大多人逆行的勇氣，更要抵抗人性的本能。

橡樹資本管理創始人霍華‧馬克斯在著作《投資最重要的事》中，建議想成為出色的投資人必須做到兩件事：

1.是否願意與眾不同？

**不要讓大眾的偏好，或者說新聞媒體的偏好，左右你的看

法。投資不是數學公式，大家買就漲、大家賣就跌，很多因素會影響市場的變動，剛進入市場的人會因為這些複雜的事情感到麻煩，因此跟著大家（或投資名人）的動向比較簡單。

大家看好某些股票會一直上漲，確實最近也一直上漲；然而當你跟著大家的看法買進時，股市往往就在這時有不可預期的變動，最後你很可能就買在最高點。再看看這時的大眾的偏好已經又變了。

這就是為什麼巴菲特會提醒大家：「當別人越不謹慎處理他們的事務時，我們就應該越謹慎處理我們的事務。」

當你選擇放棄自我思考，對於錢來說，你都放棄它了，它怎會幫你好好賺錢？

2. 是否願意少犯錯？

這個問題乍看容易讓人誤以為是「少做就少錯」，因為怕犯錯，乾脆不要做這件事，許多人往往掉入這樣的陷阱，變得消極無作為。

這個問題真正的意思是，你是否願意**為了少犯錯而刻意練習**，拿體育競賽來比喻，與對手過招時，有時候比的是誰犯的錯最少，能少犯錯，背後也是要下一番功夫。

投資也是一樣，想少犯錯，要有一套投資的準則，**讓自己每次投資時都是以理性的態度面對，分析這項投資是否有潛在的獲利可能性**，既然是「可能性」就有犯錯的空間，

沒有一套投資方式是能保證穩賺不賠的，隨時會有很多狀況產生。

例如某項投資現在的表現很好，未來可能也會表現出色，假設在預定美好的道路上，出現了一些表現欠佳的徵兆，而這個徵兆已經變成了現實，這時可能就得考慮承認這個錯誤，另做其他打算，讓犯錯變少。

在投資界有一句話是：「不要去接掉下來的刀子。」股票從高處掉落，一天兩天還好，會讓人覺得想去接接看，但長時間接刀子，即使功夫再好，也是會受傷的。

這時候就會有人說：「那我反向操作，我等到不確定的因素全部結束再投資。」事實上，等事件結束了，通常也沒有便宜可以撿，股票早就回升到它該有的價格。

價值投資的判斷依據不是一般人認知的市場價格，而是**判斷我們對價值的看法適不適合在目前的時機買進，不斷地修正我們對於真正價值的看法**，慢慢地能實現在最低風險的情況下，獲得最高的報酬。

投資得要做到穩健，**真正的穩健是從一個理性的假說出發，加上正確且清楚的證據證明，以及可靠的推理邏輯**，而驗證自己是否穩健的最佳方式，就是在大盤下跌的時候。

投資美股，沒有門檻

Jerry 以前聽到大多數的人都是投資臺股，但最近幾年，

好像開始有人在投資美股。

「資產先生，為什麼大家現在都一窩蜂想投美股？到底美股哪裡好？」

「這問題問得好，在回答你之前想先問你一個問題，臺灣股息成長㉚，超過25年的有幾間？」

你也來花10秒鐘猜猜看，有幾間呢？

這邊說的是股息成長超過25年，如果只是股息連續發放超過25年以上，臺股有上百間，但是加上要股息有所成長的，臺灣目前沒有股息成長這麼久的公司。

美股優勢1　股息成長

臺灣對於存股的概念在這幾年已經有非常多的資訊，存股之所以熱門，不外乎大家都想一邊存錢、一邊領股息，讓錢慢慢增長的同時，股息也可以當作生活費使用。

以臺灣最熱門的金融股為例，某一支股票的股價是25元，一張的價格就是2萬5千元（臺股一張為1,000股），每年配1,000元的股息，如果要維持一人一年的生活基本開銷（假設一個月基本開銷2萬元），一年需要24萬左右，會需要240張股票。

240張股票就是600萬元左右（不算手續費的話）。

這樣的股息看似不錯吧？600萬的金額也不是存不到，好像有點希望。

以目前的狀況也許還可以，但這個假設**沒考慮到通貨膨脹**

的問題。

1993年的時候一份雞排可能25元左右就能吃到（抱歉，我沒經歷過更便宜的年代），2023年一份雞排已經95元，比有些便當還貴，如果一直維持每個月2萬塊的股息，似乎是有點不夠用。

我們看看美股的情況。美股股息成長超過25年以上的公司有125間[31]，其中超過股息成長超過50年的就有42間，其中包含很多耳熟能詳的公司，例如3M、可口可樂、寶僑、嬌生、百事可樂等。

股息成長是什麼意思？意思是公司不只給你之前看到的股息金額，而是每年配息一年比一年多。

臺股配息以年配息占大多數，季配息或半年配息的很少；而美股季配息的股票則非常多，甚至有月配息的股票。

美股優勢2　零股交易方便

另一方面，美股交易能夠以「1股」為單位做買賣，雖然臺股也可以，但因為美國的市場交易量大，不太會有無法成交的問題，比起臺股的零股買賣還是方便許多。

臺股市場中，如果想交易零股，通常得在交易市場再買一些湊到一張會比較好交易，雖然現在臺股已經改成盤中撮合，每一分鐘撮合一次，但是受限於交易量，臺股的零股比較容易買到貴一些的價格，有些股票的零股甚至不好交易。

　　相對來說美股要出清股票時，可以在賣出股票時會順便把零碎的股票一起賣出，整支股票一起清空。

　　臺股的交易系統雖然也在進步，交易的便利性會逐漸與美股差距縮短，但綜合以上幾點來看，美股的優勢還是大的多。

美股優勢3 成熟市場

　　臺股的市場大約有1,700多檔左右，而美股約有8,000多檔，其中較多稱霸全球性的龐大公司，以蘋果公司為例，2023年的市價約2.39兆美元（約71.7兆臺幣），一間公司就能把臺灣上市公司全買下來（約47.7兆臺幣），而且還有剩[32]。

　　日常生活中的飲食類星巴克（美股代碼：SBUX）、麥當勞（美股代碼：MCD）、好市多（美股代碼：COST），生活用品類嬌生（美股代碼：JNJ）、舒潔衛生紙（金百利，美股代碼：KMB），腳上穿的鞋子品牌NIKE（美股代碼：NKE）、SKECHERS（美股代碼：SKX）等等。

　　美股的市值很大、大型的跨國企業也多，很難有集團可以操控這麼大規模的這樣的公司，相對我們散戶來說，美股更加安全、公平些。

　　我們來看看〈圖2-3-1〉，這是美國S&P500[33]（上曲線）與臺灣0050[34]（下曲線）的長期投資報酬比較。

圖 2-3-1 臺股與美股長期報酬率比較

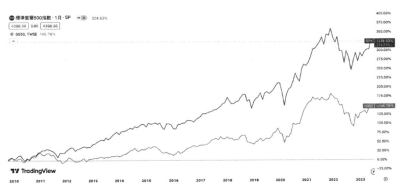

（圖片來源：《TradingView》2010～2023年）

從2010年開始投資一直到2023年，兩者的報酬率：

S&P500＝324.53％

0050＝146.76％

美國的人口2022年統計約有3.3億，內需消耗就占美國經濟動能70％以上，也就是說，美國內需市場的需求本身就比臺灣大很多，股市報酬差異一看就能明白。

美股優勢4 股息再投資

投資美股最大的好處在於，你可以在券商軟體設定「自動股息再投資」，這樣一來，系統就會自動幫你用每次的配息買入碎股，可買到小於1股的單位，到本書截稿為止，臺股還沒有這樣自動再投資的功能，只能手動操作。

可別小看每次配息的零碎股票，累積加上複利的力

量，長期下來就會創造巨大的投資報酬率差異。前面提到，如果你從2010年開始投資臺股，到2023年的投資報酬率爲146.76％，投資美國大盤S&P500投資報酬率則是324.53％，不過假如加入「股息再投資」，那麼13年間的投資報酬率會高達397.86％！〈圖2-3-2〉

　　超出臺股2.7倍投資報酬率是不是很驚人呢？微小動作創造巨大差異，其中的關鍵在「複利」。

圖2-3-2　SPY股息再投資

SPY	
Start date:	01/04/2010
End date:	07/07/2023
Start price/share:	$113.33
End price/share:	$438.55
Starting shares:	88.24
Ending shares:	113.52
Dividends reinvested/share:	$59.79
Total return:	397.86%
Average Annual Total Return:	12.62%
Starting investment:	$10,000.00
Ending investment:	$49,808.62
Years:	13.51

Growth of $10,000.00
With Dividends Reinvested

$55000.0
$50000.0 $49,808.62
$45000.0
$40000.0
$35000.0
$30000.0
$25000.0
$20000.0
$15000.0
$10000.0
$5000.0

01/04/2010   07/07/2023

TickerTech.com Jul 10, 2023

（資料來源：dividend channel）

2-4
「雪球計畫」：
讓時間為你賺錢

資產只會越滾越多

Jerry：「資產先生，我常常聽到很多人說複利的力量很驚人，但是在我身上怎都看不出來有什麼效果？」

資產先生：「你那邊有沒有統計買賣股票的紀錄？最好有買賣的時間。」

Jerry面有難色，努力在腦中回想：「這個⋯⋯有幾支股票還有印象。」

資產先生拿著Jerry寫的資料一看：「這些股票，好像都沒有⋯⋯別說5年了，最長也才3個月。」

資產先生意味深長地看著Jerry：「這樣當然無法享受到複利的效果。」

愛因斯坦曾稱**複利是世界第八大奇蹟**，並明白地說，「明白複利的人賺取複利，不明白的人支付複利」。

複利的效果到底多大？來看〈圖2-4-1〉一個對照組的範

例吧！A、B都以同樣本金10萬元開始投資，A組只算投資
報酬的單利，B組則把投資報酬繼續投入本金，猜猜看5年
後會如何？

單利的投資5年後會是15萬；而複利的投資5年後會
是16萬1千多，整整多了1萬1左右。

10年後呢？兩者整整差了5萬9千多，已經超過原本投資
金額的一半了[35]。

圖 2-4-1

	A 單利組	B 複利組
投資本金	100,000	
5 年後資產	150,000	161,051
10 年後資產	200,000	259,374

複利的原則就是讓錢滾錢，當資金投入、產生股息再投資
後，透過時間的累積，產生巨大的財富。

72法則：資產翻倍的祕密

從上面案例你可以知道，長期持有只會讓資產越滾越多。
我們再來談談長期持有的另一個好處：資產加速翻倍。我
們可以用「72法則」來解釋。

所謂的72法則，可以把它當作簡易版計算複利的一個公

式，可以用這個公式快速算出投入資金的翻倍時間，但這只是一個速算的方法，並非100％準確。

72／投資報酬率＝資產翻倍年數

簡單做個假設：

現在手上的資金有20萬，投入股市買股票，會有20％的年報酬，透過72法則計算「72/20＝3.6」。

為了方便計算我們取整數為4，這也就是說，每4年我們會翻倍手上的資金為40萬。

如果我們每年都能維持20％的報酬率，每4年翻倍一次，那麼你的資產成長就會如下〈圖2-4-2〉：

圖2-4-2　每四年翻一倍，資產變化圖

8 年	80 萬
12 年	160 萬
16 年	320 萬
20 年	640 萬

單一筆20萬的資金，20年後變640萬，這20年只要維持報酬率20％的情況下就能達成；加上如果你有好好儲蓄的習慣，基本上不會只有20萬投資資金。想想，再多投幾筆會如何呢？

兩大財務整理術：累積滾雪球的本錢

「哇！這個資產翻倍的數字我也想要！」

Jerry 看著這些數字眼神發光，卻忽然垂下臉：「可是我現在既沒什麼錢投資，投資了績效也不好，怎麼辦？」

資產先生拍拍 Jerry 的肩膀說：「要讓財務效益如滾雪球般迅速累積，首先要重整日常開銷，做出節儉的財務規畫。」

Jerry：「節儉？那日子是不是會過得很苦呀？」

資產先生：「當然不是，而且執行也很簡單。讓我教你兩招，你就能看到節儉其實很多好處！」

1.整理日常開銷

首先，**盡量降低一般花費**，因為固定開銷減少了，手頭上的資金自然能累積更多。

舉例來說，如果在公司或是家裡都有 Wi-Fi 可以使用，每個月的手機月租費，也許就不需要網路吃到飽，月租費也就能降到最低。

省下的開銷除了規畫投資，可能偶爾也可以拿去外出用餐、旅遊或是進行有趣的體驗，是不是就幫這筆錢做更好的運用了呢？

降低開銷的另一個好處是，當你習慣長時間生活開銷低於收入，退休後自然不需要太多積蓄，日子也能過得很舒適。

　　根據多數人的經驗法則，退休之後我們需要的費用，大概是最後一份薪水的80%左右。

　　如果我們能在年輕時，建立良好的資產管理，去除不必要的開銷，又不會影響到生活的基本品質，退休後就能以退休前收入的65%為開銷。這會有什麼差異呢？

　　假設退休前一個月的薪水為4萬元，退休後一般人需要3.2萬的開銷，可自由運用的資金就只有8千元；但如果縮減成65%，手上就多了6千元。一樣都是日常開銷，手頭上多留點現金還是比較好。

圖 2-4-3

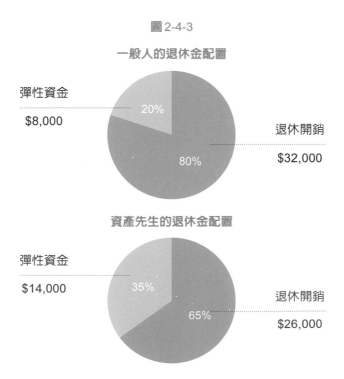

如果在二十幾歲時就過著節儉的生活，往後的生活就像倒吃甘蔗般，能感受到生活逐步提升的快樂。

總比一開始賺得多、開銷大，退休後卻無法適應來得好，因為由儉入奢易，由奢入儉難。

2. 長期財務規畫

當我們整理好自己的資產後，接下來我們得做什麼？

你變有錢人的機率高嗎？測驗怎樣的心態容易致富

假設有三位朋友，20年來每個月都省下1美元，但他們採取不同方式運用這筆錢[36]：

A先生：每個月都把1美元投入股市裡，無論景氣是好是壞，媒體大肆渲染空頭或是牛市來襲的訊息，A先生都無動於衷，持續地投資股市。

B先生：在經濟衰退的期間，想到即將面對股市崩跌無法安心投資，索性就把手上個股票全部清空，每個月省下的錢持續累積，等經濟轉好的時候才回股市投資。

C先生：在經濟衰退的6個月後，也感到股市會崩跌的徵兆而害怕，趕快就退出了股市，但因為這段期間績效沒有很好，花了一段時間才慢慢恢復心態，等到回股市時，已經是經濟衰退結束後幾個月了。

隨著時間過去，這三位投資人最後會有多少錢？

答案是：

A先生：43萬5千美元。

B先生：25萬7千美元。

C先生：23萬4千美元。

這些金額簡單來說是根據股市大盤走勢衍生出來，先不探討這些數字實際怎麼算出來，而是，這三個人為何有這樣的差異呢？

他們三個人，最大的差別在A先生是持續一直在股市。

1900年至2019年間，一共有1,428個月，其中只有30多個月是屬於衰退期，占整體22％而已，股市大部分時間都是上漲的，B先生與C先生再怎麼厲害，都無法未卜先知，知道什麼時候可以先退出股市、閃過崩跌的那段。

所以B、C先生暫退出股市，崩跌期間不敢踏入股市半步，只是把手上的資金留住，等到壞消息都結束、一切已經欣欣向榮時再回鍋，殊不知此時股價也早就往上走了一大段。

反觀A先生持續投入，在崩跌期間也是一直不斷地買，最後他所持有的股數量超出B先生與C先生非常多。

這個就是長尾理論。

彼得・林區㊲曾說：「如果你在某項事業做得有聲有色，那你十次有六次都做對了。」

當我們看到成功時，往往忽略這個成功的收穫，其實只是整體的一小部分而已，我們有可能會犯錯，也有可能有些

地方做對了，就像很多大師一樣，他們也常和我們一樣犯錯，差別在當他們做對的時候，比我們做得更加漂亮。

查理・蒙格說過：「如果你將波克夏少數的頂尖投資案排除在外，它的長期績效紀錄就顯得相當平凡無奇。」

當我們用對的方式做事，也許會有失敗的時候，但只要是用對的方式、正確的態度持續並堅持地去下去，最後的收穫往往會有驚喜。

如在某項事業做得有聲有色，
表示十次有六次都做對了。

2-5
價值投資：
「ABC 三步驟」

「資產先生，價值投資有沒有比較明確的方法？不然一個不小心我又開始亂投資了。」Jerry 滿心期待從資產先生身上挖到更多寶。

「股票是真實的生意，而不只是數位遊戲。我們得把它當作事業來做。」

資產先生拿出了一張白紙，「接下來我們要來介紹價值投資 ABC 三步驟，讓投資的方向比較明確。」

想讓投資獲利長期穩定、持續成長，首先我們要先準備一份口袋名單，也可以說是觀察名單，這份名單是自己收集喜歡的好公司。

分辨一間公司是不是好公司，我們可以透過接下來的 ABC 系統檢視。

圖2-5-1　價值投資三步驟

A	B	C
Access	Buy Price	Cash Flow
篩選好公司	進場時機估價	現金流

複利滾雪球

Access：篩選好公司

　　首先，透過篩選好公司，決定**要買什麼**。你可以先列出想要買的股票，以建立 50 支真正賺錢的好公司為目標，建立自己的採購清單㊳，這樣你隨時可以替換。需要注意的是，這些股票得要**從你的知識圈選出來**。

　　什麼是知識圈呢？前面我們說過「投資就是當公司的合夥人」，在知識圈內的股票，就代表如同一個合夥人了解公司的業務一樣，你知道公司靠什麼賺錢、在產業中的位置是什麼⋯⋯你也就知道自己為什麼投資，不會人云亦云。

　　巴菲特曾說過：「挑選你知識圈裡的產業，你才有能力、動力及興趣看懂公司財報，了解公司的運作模式。」

　　公司透過什麼方式賺錢？最近公司遇到哪些狀況？當你對這些了然於心，對公司的信心也就程度越高，就越不會受

到新聞、旁人的耳語與「建議」所動搖，導致亂了投資陣腳。甚至危機就是轉機，當非理性的市場逐漸開始時，正是你等待已久、可以趁亂撿便宜的最佳時機。

假如還是不知道該怎麼開始建立自己的採購清單，我們可以參考 13F 持倉報告㊴的資料，從巴菲特投資的公司當靈感。需注意的是，13F 持倉報告是屬於事後型的報告，主要是用來找股票靈感用。

簡單來說，篩選好公司可以參考以下。

1. 公司概況

先上這間公司的官方網站看，看公司的背景、歷史、產品、服務、市場地位、財務狀況等等。另外也可以收集一些社交媒體的新聞資訊，不過新聞得做一番整理，不能全信。

2. 文化背景、價值觀

先了解一間上市上櫃公司是以三個元素組成：
高層（資方）、員工（勞方）、股東。

不過我們不是在找工作，不能把自己定位在員工的角色，公司的環境、員工福利等等訊息比較其次。

我們要投資的不是對員工很好的公司，而是**要投資對股東好的公司**，另一方面也可以留意公司高層的持股比例，因

為一般來說高層持有公司的股票，其利益跟股東也會比較接近、自然也會比較為股東著想。

投資要試著改變自己的定位，因為我們是要投資，所以得把自己想像成老闆（高層）去衡量一間公司，久而久之你的視野也會變得不一樣。

3. 公司前景

最後我們也要評估公司的未來，包括公司的增長潛力、市場機會、競爭優勢等等。這些我們可以透過相關報告，比較這間公司在產業中有什麼優勢、比其他同類型公司厲害在哪，來判斷公司的影響力。

在這一階段需要大量的資料研究，也考驗你獨立思考的能力，這就是價值投資不簡單卻也有價值的地方，不簡單在於我們需要花時間心力深入了解一間公司，從這些資料判斷這間公司的好壞；有價值在於透過價值投資，我們對於股市和產業的了解，將不再止於新聞報導的表面和價格而已。

因為**篩選好公司需要進行全面、系統的研究和評估**，而非單看價格，才能找到真正適合自己投資的公司。

Access雖屬「準備工作」，但我們應該立即行動，比如找哪些股票是好公司，ABC策略中，A是最重要的，等待試著判斷要不要做這件事情，這是沒有意義的，因為不管結果怎麼樣都還是要做這件事，早點行動反而是好事。

🪙 Buy Price：進場時機估價

知道要買什麼了，那麼**什麼時候買**？後面的第四章，我們會更細部講解估價方式，不過在估價之前要記得：「**通過10年財務報表分析的公司，才可進入估價。**」分析10年的財務報表是為了獲得更全面的股票表現，一間公司得經得起10年的考驗，才能夠被視為可能的好公司，也才有必要被估價。

多數時候，價值投資者都在股市中「等待」，但等的不是價格最低點，而是低於價值，也就是**等待合理價**。

那如果我關注的公司價格，遠遠高於價值怎麼辦？很簡單，看別家公司。

我們的口袋名單這時候就派上用場了，仔細找找有哪些機會，如果整體都不適合投入，我們可以採取定期不定額的方式，買少一點就好；如果有好的機會就買多一點。

🪙 Cash Flow：現金流

這裡講的「現金流」，指的是「賺到的錢」。並將「賺到的錢」拿去「再投資」股票，創造錢滾錢的複利。

賺到的錢有分為三種：

1. 股票賺到的價差。
2. 股票配發的股息。
3. 美股選擇權[40]賺取的現金流。

　　「賺價差」的概念很好理解，就像是股價買低賣高，但這也是現金流當中，最無法掌握的的一個項目。**時間越長，越能賺到價差**。透過長期投資，通常真正賺錢的公司，都可以為我們帶來更多價差的收益。

　　我個人比較喜歡的是「股息」與「美股選擇權」帶來的現金流，因為穩定、確定性比較高。

　　股息的現金流，在之後的單元會詳細介紹。而美股選擇權是一種特有的金融商品，巴菲特也常使用選擇權，為自己公司創造額外的現金流，巴菲特的網站也公布過，曾經使用長期的選擇權策略，為他某一年創造了45億美元的現金流，所以可以了解這是一個強大的投資工具。

　　當然選擇權投資的工具好不好用，在於有沒學習到正確的投資方法，本書的重點在於談論價值投資的股票，而讀者對於美股選擇權應用有興趣，可以掃描〈圖 2-5-2〉的 QRcode，聽取約三個小時的講座，會學習到更多現金流的技巧（內容為講解選擇權的現金流）。

　　從價值投資 ABC 三步驟我們可以學習到，價值投資的核心很簡單，就是用合理的價格買進真正賺錢的公司，並且把現金流再投資！

圖 2-5-2　**價值投資三步驟，免費美股現金流講座**

挑選你知識圈裡的產業，你才有能力、動力及
興趣看懂公司財報，了解公司的運作模式。

2-6
想投資好公司，
先看帳面價值

💰 什麼才是真正的價值？

Jerry：「我有個疑問，價值越高，我們就越有可能賺錢。那麼，我要怎樣才能找到價值最高的股票，賺最多錢呢？」

資產先生：「最主要還是觀念要轉，要**把投資股票當成經營公司**。」

價值投資就像加入一家公司、投入某種業務。買股票這個行為，是幫我們擁有公司資產的管道或工具。簡單來說，我們購買這間公司的股票，就如同參與這間公司的經營。

我們不是「投資一檔股票」，而是「參與一種事業」。 當思維轉變過來時，你自然而然會問：「怎麼將公司的產業發揮到最大價值？」或「公司有將自己的價值發揮到最大嗎？」

這就好比原本我們只是為了填飽肚子，而去尋找好吃的

食物，這是消費者。但當我們成為餐廳的合夥人，我們要思考的是如何把一道菜做得更好吃、這樣的菜受不受大眾的喜愛（市場接受度如何），總不能做出只有自己愛吃的菜，別人都不喜歡，那就開不成餐廳了。

評估公司價值的方法相當複雜，這裡我們先來參考巴菲特的做法。巴菲特評估一間公司有他自己的一套方法，如果所評估的「價值」沒有可參考的市價，他對合夥人說過，他們估的價值不應該是公司未來的價值。

在商場上，控股型投資通常會有兩個主要估價方式，可以視為「價值」評估的參考指標：

1.過去和未來的獲利能力。

2.資產價值。

但一般人怎麼評估一間公司的資產價值？你可以從每間上市上櫃公司都必須公開讓所有人看得到的**「資產負債表」**開始練習。在不考慮公司未來的獲利的情況下，**帳面價值**就是公司真正的資產價值。

帳面價值怎麼分析？

「我頭都暈了！原來投資還得懂財務報表怎麼看呀？」Jerry 聽到這裡感覺自己頭都要冒煙了，想起以前修過會計，看到這些報表頭就大。

資產先生：「其實你自己在看的時候，不一定要經過這麼複雜的計算，重點是要看懂數字背後的意思，最起碼你得

看出這間公司到底有沒有賺錢。」

估價的過程與投資的績效息息相關，也是價值投資的核心步驟，哥倫比亞大學商學院曾對學生說：「如果你的估價工作做得好，而且判斷正確，市場先生⑪就會獎勵你。」

那什麼是帳面價值？就是：

資產－負債＝帳面價值

要評估一間公司真正的價值，並非看公司表面的獲利，而是可以專注公司獲利後，可以真正累積多少資產，而這個資產扣掉負債，就會得到「帳面價值」。

「你認為這間公司值多少錢？」這句話你可以把它當作「賣掉公司後可以拿到的價值」。

關於帳面價值的運用，將會在第四章，與大家詳細介紹。

把投資股票當成經營公司。

第三章

一進場就賠錢？
運用投資心理學
改善績效

這一章我希望你知道的是：

投資是一個「反常識」的世界，套用習慣的思考邏輯反而容易出錯。

想在股市不輸錢，需要**「理性」「耐心」**和**「全面性思考」**的心態，才能面對牛市和熊市而處變不驚、做出對的策略，然而大腦卻不一定是你最好的投資夥伴。

大腦在思考時可能會為了方便、快速而走捷徑，採取「捷思法」；也可能會一直強化認定的訊息，選擇性忽視不符合原本認知的訊息，而形成「確認偏誤」；或可能只看事情表面下決定，甚至可能因為幾次的瞎猜全對，鞏固了「賭徒謬誤」的信念；最重要的是，任何的思考方式都可能存在著盲點，就像「逆向思考」也不見得總是正確的。

如果你投資失利而不知道為什麼，這章節將帶你透過投資心理學找到問題核心，並幫助你有計畫地戰勝大腦慣性，**不讓「常識」蒙蔽了正確的投資策略。**

3-1

越相信大腦，
越容易陷入的五大盲點

書讀越少，知識越多；越少旅遊，見識越廣；越少運動，會越健康。

這會不會太反常識了？但有個地方需要反常識，那就是：股市。

你越少短進短出、越少去懷疑股市，會賺到更多錢。

🤝 盲點一：直覺判斷往往出錯

Jerry：「資產先生你看，我買了一張威力彩！這期頭獎有30億，中獎我就財富自由了！」

資產先生：「Jerry 你猜猜看，中威力彩頭獎的機率跟被雷打到的機率哪個高？」

Jerry 馬上回答：「當然是中威力彩頭獎，因為媒體報導很多啊！被雷打到的人這世界上應該沒幾個吧？」

資產先生：「其實被雷打到的機率比中威力彩頭獎高，但正是因為每次只要有人中獎，媒體就會為了點閱率大肆報

導，加深了你的印象，自然讓你有『又有人中頭獎了！』
的錯覺。」

Jerry：「什麼！中頭獎的機率比被雷打到還低！那大家
怎麼還搶著買？」

資產先生：「因為大部分的人都想一夕致富，很少人想要
慢慢變有錢，一夕致富的方式大部分都寫在《刑法》裡，
再來就是樂透了，因此很多人才會想碰碰運氣。」

「但……搞不好財神爺會眷顧我啊！」Jerry還是做著一
夕財富自由的美夢。

資產先生：「那我們換個話題，假設你自己創業賣車，而
你的公司所出產的車子，消費者購買第一年需要進廠維修
的機率是20％，你該如何行銷自家的車子？」

Jerry機伶地說：「第一年需要進廠維修的機率是20％，
那不需進廠維修的機率就是80％，對吧？那就主打『不需
進廠維修的機率是80％』啊！」

資產先生彈了一下手指：「看吧！如果消費者聽到『有
20％的機率需進廠維修』，就會想著可能要進廠維修；但
如果聽到『不需進廠維修的機率是80％』，就會覺得不太
需要進廠維修。你看，明明是同一個事實，不同的敘述方
式，觀感就大不同。」

Jerry總算想通了：「對耶！一不注意就會被行銷話術騙
了！」

人類與其他動物最大的不同，在於擁有數億神經元的大
腦，讓我們能分析、整合、運算、複誦、思考、感受、判

斷、決策等等。

　　但大腦看似精密，實則爲了提升判斷時的效率，在決策時可能會依循某種經驗法則或估計方式獲取答案，而非透過嚴謹分析或正式的解題策略。這種思考方法快速卻不一定準確，稱之爲「**捷思法**」。

　　Jerry偏頭想了想：「所以我們的大腦其實很偷懶囉！」

　　資產先生：「大腦是爲了提升效率，才走捷徑思考。以直覺來想當股市已經來到牛市，連續好幾天股市都往高點走，那明天股市會往上走還是往下走？」

　　Jerry：「……往下？因爲已經連續好幾天股市都往上走了！」

　　資產先生：「正確答案是，我們**無法預測股市**。股市明天可能往上走，也有可能往下走，就算有人說他可以預言，結果也不一定如他所言。」

　　Jerry：「啊！原來如此！我一直很相信自己的直覺耶！」

　　資產先生：「我們的**大腦常常會憑直覺判斷，而不是分析事實、探查眞相，所以往往容易得到錯誤的答案**，人類最引以爲傲也是最容易犯錯的武器就是──大腦！」

盲點二：未經思考的學習只是幻覺

　　資產先生：「Jerry，你相信星座運勢嗎？」

　　Jerry想都不想就點頭，還翻出一位命理師的影片：「相

信啊，○○老師超準！他預測的工作和愛情都很符合我的狀況。」

　　資產先生：「那有每一項都符合嗎？」

　　Jerry 又仔細回放看了後說：「一項一項看的話，還是會發現有一些不符合……」

　　資產先生：「你注意到了嗎？因為你相信星座運勢預測，所以一開始就會抓住幾個非常符合你狀況的預測訊息，進而強化自己相信星座運勢的信念。事實上當一項一項看，就會發現有些訊息並不符合你的狀況，但你一開始就忽視了它們。」

　　大腦傾向注意或記憶符合自己信念的訊息，而忽略那些與自己信念不一致的事證，因而不斷強化自己的信念，並且不願意接受其他的見解，這種思考模式稱為「**確認偏誤**」。

　　Jerry 錯愕地說：「我之前都沒發現這件事！」

　　資產先生：「現在你知道啦！那你有發現在 Facebook 上常看到同一批朋友或相同性質的貼文嗎？YouTube 首頁也會推薦你訂閱或常看的影片。」

　　Jerry：「對耶！確實是這樣。」

　　資產先生：「這就是 Facebook 與 YouTube 各自運用演算法，推播用戶可能喜歡的內容，希望提升用戶體驗程度，讓大家常常使用他們平臺，另一方面他們也可以藉由投放用戶可能喜歡的廣告，讓公司更賺錢。」

　　Jerry：「這些公司真的好厲害啊！太懂人性了吧！」

　　資產先生：「但正因爲平臺演算法，導致我們**接收的資訊常常是同類型的**，也讓我們的觀點可能沒那麼多元，又因爲『確認偏誤』，我們通常傾向於注意符合自己信念的訊息，而忽略那些與自己信念不一致的訊息。」

　　Jerry：「正因爲這樣我們才要更有意識地提醒自己，抱持著開放多元的心態，才能更獨立思考！」

　　資產先生：「很棒！更重要的是，對於自己一開始認爲『正確的訊息』可以抱持懷疑的態度，多去探究這個訊息的原貌及其他面向。」

盲點三：只思考一次，只看得到片面

　　資產先生和 Jerry 一起到附近買咖啡，結完帳等候的時候，看到前面一位客人端著咖啡走回座位，一個不穩就打翻了手中的咖啡，工作人員忙著清掃。

　　資產先生：「嘿，Jerry，你看剛剛那位打翻咖啡的客人，你對他有什麼想法？」

　　Jerry 想都不想地說：「這個人一定很粗線條！」

　　資產先生：「有沒有可能是因爲地板濕滑導致他走路不穩呢？」

　　Jerry：「對耶！有這個可能！」

　　資產先生：「如果歸因於地板濕滑，這個人就不一定粗線條囉！」

　　Jerry：「那就跟我一開始所想的不一樣了！」

我們對於別人的行為，推論可能的原因，稱之為「歸因」，歸因又可分為兩種：

1. **內在歸因**：對於一個人行為的結果，偏向推論為因為他的人格、態度、個性等造成的。
2. **外在歸因**：對於一個人行為的結果，偏向推論為因為外在環境、一時的狀況等造成的。

而我們歸因他人行為也會分兩階段：

1. **第一階段歸因**：自動對行為者做「內在歸因」，也就是歸因於行為者的性格、能力、態度等。
2. **第二階段歸因**：加入外在的情境因素進行考量，進而對第一階段的歸因進行修正或調整。

資產先生喝了口咖啡後說：「投資其實也是一樣，當你看到一間公司近兩三年獲利大幅提升，你覺得這間公司如何？」

Jerry 沒想到生活小事也能學投資，他振奮起來回答：「前途無量啊！」

資產先生：「有沒有可能受到疫情影響，讓一間公司相關防疫產品大賣，例如疫苗、口罩等等，這間公司才因而大賺一筆的？」

Jerry：「是有可能，但那還是代表公司很賺錢啊！」

資產先生：「如果這間公司是因防疫產品大賣而賺很多，在疫情爆發前都沒什麼淨利的話呢？」

Jerry 的表情從自信滿滿轉為猶豫，「那聽起來有點危險耶！」

資產先生：「所以囉，投資不能只單看表面公司今年賺多少，而是要更深入**研究公司是靠什麼獲利**。在疫情爆發前就賺錢的公司，疫情爆發後更賺錢，那當然更好！但如果疫情爆發前公司本身沒什麼獲利，疫情爆發後而大賺一波，就要考慮疫情結束後，公司的其他項目是不是還能繼續穩穩獲利。」

Jerry：「原來要考慮這麼多，我以為公司這兩年有在賺錢就好！」

資產先生繼續說：「如果是相反的例子，一間公司在疫情爆發前，一直有穩穩獲利，但疫情期間導公司的項目無法正常營運、甚至產生虧損，例如遊樂園無法營業、飛機航班被迫減少，你這時候怎麼看待這間公司呢？」

Jerry：「公司會不會有倒閉的風險啊？這時候當然是快逃啊！」

資產先生：「如果這間公司在疫情期間努力開發其他項目，或是公司有其他產品在疫情期間仍然可以持續獲利，而疫情結束後，大家又會立刻想到這間公司的服務或產品，公司挺過疫情並且更上一層樓，那你還會想逃嗎？」

Jerry 一臉撿到寶的樣子，「聽起來這樣的公司不是省油的燈耶，可以好好把握！」

資產先生拍拍 Jerry 的肩：「所以囉，看一間公司，更要深入研究這間公司靠什麼賺錢，有在開發什麼項目，未

來的發展會如何，也需要把管理層的能力等等都考慮進去。」

Jerry：「這麼複雜啊！」

資產先生：「當然不是表面看到的這麼簡單囉，而且你再仔細想想上述例子，大家覺得某些公司這兩年大賺一波，就會想要加碼進場，結果居然投資到疫情結束後會賠錢的公司；另一方面大家又覺得某些公司因為疫情而完蛋了，趕快下殺出場，結果那些公司其實越來越好，等疫情回穩後大家才發現它屹立不搖又賺錢，結果就買到高點了。」

Jerry：「哇～這些都是在說我耶……難怪靠投資賺錢的人都是別人，不是我！」

資產先生：「答應我，從現在開始，我們一起冷靜下來，好好深入分析一間公司，而不要只看表面。」

Jerry看著資產先生點了點頭。

《投資最重要的事》一書中，霍華‧馬克斯提出「**第二層思考**」的概念，投資人在做決策時，需要**跳脫表面所看到的或直覺所感覺到的現象或想法，進一步思考深層次問題**，包含更深入了解公司的真正價值、考慮其他投資者的可能思考方式、分析股市中的供需情況等等。

第一層思考通常是表面的，只考慮到公司股票價格、市場趨勢等表象因素，而第二層思考需要更深入、更全面，去思考公司的真正價值。例如，在考慮買進某公司股票時，第一層思考可能只關注股票目前的價格和走勢，而第二層思考才會進一步分析公司的基本面、財務報表、護城河等

因素，更全面地判斷出公司的真正價值。

　　第二層思考也需要考慮其他投資者的思維方式，比如經濟低迷時，大部分的人只想到第一層思考害怕虧損更多而感到恐慌，賣出手上的股票，第二層思考就會考慮到現在每個人都在拋售股票，等於很多公司進入週年慶大打折扣，進而去找好公司的合理價買進股票。

圖 3-1-1　第一層與第二層思考

思考模式	第一層思考	第二層思考
思考習慣	直覺、感覺	分析、研究
思考層面	靠表象判斷	深入研究內容
思考面向	單向、單一角度	全面、多元角度
以股市為例	從市場趨勢、股價判斷投資	深入了解公司真正價值、考慮其他投資者的可能思考方式

　　評判他人行為，不直覺做內在歸因，而是多考慮外在歸因，讓思考更全面是需要刻意練習的。同樣面對投資，不直覺做第一層思考去看公司的股價走勢、市場熱潮等表面情況，而是可以更深入做第二層思考，更全面地分析和思考公司真正的價值、市場趨勢背後的原因、投資人行為背後的心理因素等等，也能讓我們可以做出更好的投資決策。

🤝 盲點四：預測總有矇對的時候

　　邊喝咖啡邊看著牆上的鐘，剛好12點發出整點鐘聲，資產先生轉頭問Jerry：「你猜猜看，一個壞掉的時鐘一天當中可以準時幾次？」

　　Jerry：「兩次？」

　　資產先生：「對！假設壞掉的時鐘停留在12點，那每天的中午12點跟凌晨12點看時鐘，就會剛好是準時的，但事實上其他時間都不準；偏偏如果剛好一天只看這時鐘兩次，又剛好都在12點看，就會認為這個時鐘蠻準時的。」

　　Jerry：「聽起來很荒謬！」

　　資產先生：「不過真的有這個可能性，只是機率很低。就像如果有很多人參加一個競猜比賽，由於很多人參加，即使是隨機猜測，總會有一些人全部猜中；這種現象並不是因為猜測者有特別的技能或預知能力，而是因為參與者的數量足夠多，必然會有一些人猜對。」

　　Jerry：「那猜對的人只是僥倖猜對囉！」

　　資產先生：「是的，而且如果連續猜對就可以獲得高額獎金的話，更容易吸引高比例的人持續去競猜。由於不確定自己投入多少次競猜可以獲得高額獎金，這些人就會一直投入，增加獲得獎金的機會，這就是『變動比率增強⑫』，尤其是曾經因為競猜而獲得獎金的人，更會持續參與，這樣的情況適用於各種中獎或賭博遊戲。」

　　這個因為贏過而更積極投入的現象稱為「**賭徒謬誤**」，也

就是誤認爲過去的事件結果，會影響未來的機率分配的錯誤思維模式：連續贏過幾次，便會估計下次也會贏，然而事實上，每一次競猜都是獨立事件，輸贏機率都是1/2。

Jerry：「這就是賭博成癮嗎？」

資產先生：「沒錯，這種現象如果發生在隨意投資，單憑某個技術分析或是憑感覺下單，只要因此賺了幾次錢，便會認定這樣的方式是絕對可以賺錢的，甚至槓桿越開越大，而不謹慎地全盤思考，這樣是很危險的。」

Jerry沒想到投資竟然也會變得像賭博：「聽起來很像是在賭場梭哈！」

資產先生：「所以投資時要更全面、更客觀地判斷一間公司的價值，並且耐心等待好的投資時機，才能避免落入因幾次正確預測而越賭越大的陷阱，畢竟**投資不是賭博**。」

盲點五：逆向思考反被誤導

Jerry邀請資產先生到家裡坐坐，資產先生邊參觀邊問：「如果你想增加家裡的儲物空間，你會怎麼做？」

Jerry：「當然是買儲物櫃或是訂做系統櫃啊！」

資產先生：「那反過來想呢？」

Jerry：「減少東西嗎？這樣就有更多儲物空間。」

資產先生：「是的！你可以捐贈或賣掉不需要的物品，減少需儲存的物品數量，就可以有效增加儲物空間。假如你也能避免重複購買已有的物品，同樣也能減少家裡需要的

儲物空間。」

Jerry：「被你這麼一說，我想整理房間了！」

資產先生：「不過也不是每次反過來想都可以獲得好答案，最重要的還是獨立思考。假如你正在考慮買一部高階的電腦，但擔心這會帶來財務上的負擔，反過來想，會怎麼思考？」

Jerry用力皺眉思考後說：「如果我不買高階電腦，我可以減少掉購買的成本。」

資產先生：「這就出現盲點了！因為你可能忽略購買高階電腦的潛在優勢：高階電腦更優化的功能，可能會帶來更高效的工作表現，讓你更容易完成目標，這不就能增加多餘的休閒時間並減輕工作壓力了嗎？」

Jerry：「我都沒想到耶！原來我忽略了潛在的可能性！」

「逆向思考」是一種從反向角度來看待問題，並尋找新解決方案的思考方法。我們需要深入分析和評估、發揮創造力和想像力、從不同於常規思維的角度和方向思考問題、進而產生創新和創造性的解方。逆向思考有時候可以帶來意想不到的好結果，但並不是所有逆向思考的解決方案都是正確的。

資產先生繼續出考題給Jerry：「那我再問問你，如果你看到某個新興產業正在蓬勃發展，並且有很大的潛力，逆向思考你會怎麼做？」

Jerry：「如果我不投資這個產業，我會錯過這個產業發

展起來的超多潛力，高收益和高報酬率都會跟我說再見耶！」

資產先生：「你看！這樣的思考方式出現盲點了，新興產業是不是可能存在著高風險和不確定性呢？例如產業可能需要較長的時間才能獲得回報，這段時間還可能會遇到產品技術、市場需求、整體經濟的變化等等。」

逆向思考有時候會帶來意外的驚喜，**但不是每次用逆向思考都會獲得正確答案**。在 Jerry 的例子中，逆向思考可能會導致投資決策忽略了風險而造成財務損失，回歸投資的根本，我們都應該更全面地考量公司基本面、護城河、可能存在的所有風險因素。

對於任何思考方式，我們也都應該更全面、更開放地獨立思考，而不要忽略任何潛在優勢或缺失。

投資要更深入研究公司是靠什麼獲利。

3-2
省去投資的隱形成本

🤝 情緒是最貴的隱形成本

Jerry 看著螢幕上的交易軟體，沮喪地拿給資產先生看：「每天一有空就盯盤，我這麼努力，為什麼投資總是沒有好成果？」

資產先生：「Jerry，選擇比努力更重要，而努力要放對地方。」

Jerry：「所以一直盯盤錯了嗎？」

資產先生：「我們人類有理性、卻也很感性，一直盯盤會讓我們太在意股價，很容易看到股價上漲追高、買在高點，看到股價下跌害怕會失去更多、賣在低點。」

Jerry：「天哪！你這麼一說，我發現我真的都是買高賣低，而不是我想要的『買低賣高』。」

沒有人可以預測股市的最低點，就連巴菲特也都是買在合理價，如果太在意股價，很容易忽略公司的基本面。想要買在超級低點，很容易買到有問題的公司，例如當公司快

破產了，想吸引投資人掏出更多資金，可能會給出很誘人的殖利率㊸，這時傻傻投資，可能就會賺了高殖利率賠了本金；或是當股價漲了一些就賣掉，也很容易錯過跟好公司一起成長的機會。

Jerry思考良久後說：「所以還是要研究公司的基本面囉？」

資產先生：「沒錯！盯盤產生的各種情緒，都會讓我們過度交易，進而增加交易成本，需要支付更多的手續費㊹等其他費用。」

Jerry：「我都沒想到**情緒也是成本**耶！」

資產先生：「除了一直盯盤容易產生各種情緒造成盲點，其實我們在面對熊市㊺或是牛市㊻也很容易因為情緒變化而產生錯誤的投資策略。」

Jerry：「這就是為什麼巴菲特要說：『別人恐懼時我貪婪，別人貪婪時我恐懼』，對吧？」

資產先生：「可是很少人做得到。大部分的人在面對熊市，會感到非常恐慌、趕快出售手上的股票；面對牛市則展現貪婪本性、不斷加碼買進，生怕錯過機會。」

Jerry捧著胸口說：「你完全說出了我的心聲，難怪我都是被割的韭菜！」

資產先生：「別這麼說，我們一起向巴菲特的思維與心態學習！巴菲特把熊市視為機會，這時候可能會有許多好公司落入合理價，便可以伺機買進；面對牛市，不為了追高而做出錯誤的投資判斷。」

圖 3-2-1　面對熊市與牛市的態度

	Jerry	資產先生
熊市	因恐慌賣在低點	尋找合理價的好公司
牛市	因貪婪買在高點	不疾不徐地觀望

一生只有 20 次機會的慎重投資

巴菲特曾經表示,使用一張小卡就能改善你的財務狀況。

試想:如果你每做一個投資決策,就必須在這張小卡上打 1 個孔,這張小卡上最多只能打 20 個孔,代表你一生中所能擁有的最多投資次數,打完這 20 個孔之後,便再也不能進行投資了。

假如一生中只有 20 個投資機會,你會不會慎重考慮每個重要的投資決策?

如果一間公司通過巴菲特的評分標準,是他想要投資的好公司,他會看這間公司的股票是否落入合理價,會有以下情況:

1. 高於合理價。
2. 落入合理價。
3. 低於合理價。

如果是第一種情況,代表公司目前的股價大於公司本身的價值,需要耐心等待落入合理價時再買進,就算要等好幾年也是有可能的,在人生中只有打 20 個孔的機會,你就會

充滿耐心地等待。

　　如果是第二種情況，代表公司目前的股價與公司本身的價值差不多，表示這正是買入的好時機，因為公司未來的價值會持續成長，買進的價格是固定不變的，所以在未來價值就會超越價格，而且會一年比一年更有價值。

　　如果是第三種情況，代表公司目前的股價低於公司本身的價值，表示找到物超所值的公司，這是很好的買進時機，好公司是會不斷成長的，所以公司本身的價值與原先購入的價格差距也會越拉越大。

　　當然以上情況都限於研究過公司的基本面，確定一間公司符合好公司標準的情況。如果一間公司不符合好公司標準，根本無須考慮投資。

　　這個故事強調的是，正因為珍惜每次的投資決策，除了平時會好好研究公司的基本面及考量各種風險，同時也會耐心等待出現合理價的時機點到來，再好好在小卡上打孔並且投資。

　　當我們將害怕損失的情緒轉移到專注風險，慎重挑選每一間公司，隨股市起伏的情緒自然就會弱化。

✌ 懶惰是很好的投資策略

測驗你的直覺慣性

> **假設你擔任足球比賽中的守門員，**
> **面對防守時，你傾向於先選哪一個呢？**
>
> ☐ A. 先向左撲。
> ☐ B. 先向右撲。
> ☐ C. 先站在中間不動。

上面案例中，人們很容易依據直覺或經驗先向左撲或先向右撲，而不是等待獲取場上更多的訊息。

因為在面對困境或選擇時，即使缺乏足夠的訊息或知識，我們傾向立刻採取行動，獲得對眼前狀態的控制感，但這也往往導致人們做出不理性的決定，因而可能產生不良後果，這樣的行為模式稱為「**行動偏誤**」。

也就是說，人們傾向於認為「動了，總比沒有動還要好」，會有種「動了，至少我有努力過了」的感覺，而且也會認為「我可以控制當前的狀態」，但實際上有些情況是無法控制的。

你有沒有過在擁擠的人潮中，明明左右都是人，不管是往右或往左都沒空間可以移動，卻還是想往右擠或往左擠呢？以為這樣會比較快，但實際上可能順著人潮動線走會

是最快且舒服的方式。

　　這也是為什麼大部分的散戶在面對股市時，會想要一直盯盤，殺進殺出的原因之一，卻忽略掉了需要付出更多成本，包含時間、手續費、心情波動等等。

　　面對股市，巴菲特說：「近乎懶惰的沉穩，一直是我們投資風格的基石。」

　　巴菲特將「行動」放在研究公司的基本面，包括公司靠什麼獲利、有沒有負債、負債是好是壞、是不是有強大的護城河、公司的管理層能力如何等等，進而判斷出這是不是值得投資的好公司，並且算出合理價。

好公司＋合理價＝買進的時機

　　這種條件巴菲特才會選擇買進，並且長期持有，也就是「放著不動」，在這期間，我們不需要勤勞地盯盤，只要懶懶地將這筆投資放著就好，每年去看一次公司的基本面，確定這間公司還是符合標準的好公司即可。

　　巴菲特領導的波克夏公司在 1994 年完成購入 4 億股的可口可樂股票，共花費 13 億美元。股息從 1 年 7,500 萬美元，經過近 30 年一路增加到 1 年 7.04 億美元，而且每年都會越領越多，這期間**僅僅是放著不動，股息就會自己增加**。

　　試想：當你每天睜開眼睛，就有 5,000 多萬臺幣的股息在等著你，是不是會笑到合不攏嘴？這就是長期持有的威力！

巴菲特說過：「**如果你不願持有一檔股票 10 年，最好連 10 分鐘也不要持有。**」

也就是要確定我們對於自己買進的公司，是自己看得懂或是熟悉的相關產業，並且熱愛這間公司，再長期持有。

我們可以從自己的生活或是所處的產業看起，假如你在科技業工作，對於半導體、相關軟體，就會比一般人更具備專業知識、更看得懂公司靠什麼獲利、競爭對手有誰、競爭優勢在哪、在這個產業裡毛利率[47]是不是在平均值以上等各個專業的面向。

你也可以從愛吃什麼東西、愛用什麼產品開始發想，去尋找這些公司的基本面是不是符合標準，就像巴菲特習慣一天喝 5 罐可口可樂，因此當他判斷出可口可樂公司是符合他標準的好公司，等待合理價買進之後，他對於可口可樂的喜愛，自然而然會促使他長期持有可口可樂股票。

當自己熱愛一間公司，更可以不畏大環境波動，有信心長期持有至少 10 年以上，去享受複利[48]的效果。

總是反過來想的思考習慣

巴菲特最好的投資夥伴蒙格，有一句我很喜歡的名言：「**反過來想，總是反過來想。**」

有一次蒙格在大學演講，他演講的主題叫「如何讓自己悲慘地生活[49]」。

這是一個很有趣的演講題目，因為我們的大腦非常擅長

「**負面思考**」，不過相對來說，當你知道做什麼事，生活就會過不好，那麼未來只要能避開這些事，就能過出精采的人生。

思考決定慣性

這裡我們來做「完美的一天」的練習：

☐ 你覺得一天當中有發生什麼事，你會覺得這天就是完美的一天？

（給你3分鐘時間思考）

接著我們來做「糟糕的一天」的練習：

☐ 你覺得一天當中有發生什麼事，你會覺得這天就是糟糕的一天？

（也給你3分鐘時間思考，試著認真思考，再繼續閱讀下去）

你是不是發現，對於負面思考，你富有豐富的想像力。怎麼過出糟糕的一天？也許你穿著漂亮的衣服，結果一出門就被水濺到，無緣無故被老闆罵，意外發現體重變重……任何一件不如意的事，都很有可能讓你覺得今天是糟糕的一天。

大腦的演化是為了保護我們的生命，所以每次遇到危險，大腦就會幫我們「加強記憶」，以便於我們下次更好應對。

　　現在社會已經沒有這麼多危險，但大腦在這方面還保持原始，天生容易記住負面的事物，也造成我們投資很容易受到帳面上的損益影響心情，而忽略了真正重要的價值。

　　資產先生：「Jerry，你認為怎樣的投資結果，會讓你感覺超級美好？」

　　Jerry：「當然是投資致富啊！讓我的資產不斷翻倍！」

　　資產先生：「那你認為怎樣的投資結果，會讓你感覺超級糟糕？」

　　Jerry：「買在最高點，賣在最低點，一直賠錢！」

　　資產先生：「那你認為怎樣的情況會讓你買在最高點？」

　　Jerry：「大家一致看好的時候，畢竟很多人因為股市或某檔股票賺了很多錢，我也想跟他們一樣！」

　　資產先生：「那你認為怎樣的情況會讓你賣在最低點？」

　　Jerry：「大家都感到很恐慌的時候，其他人頻頻出售手中的股票，我很害怕當最後一個賣的人，不想血本無歸！」

　　資產先生拍拍 Jerry 的肩膀說：「那你有沒有想過大部分的人心態都是這樣的，這也是造成投資賠錢的主要原因。」

　　Jerry 感到用腦過度，心累地說：「那我該怎麼辦？」

　　資產先生：「避開這個陷阱，不要追高，也不要因為感覺虧損而下殺。**不要盯著股價，要關注公司的價值！**」

　　Jerry：「公司的價值？」

　　資產先生：「當你知道一間公司的股價是被新聞、名嘴炒

起來的，公司本身的價值普通，可能獲利不穩、甚至在虧損，你還會想投資這間公司嗎？」

Jerry 馬上搖頭說，「完全不會！」

資產先生：「如果目前公司的價格太貴了，遠高於公司本身的價值，你會不會想要耐心等候他落入合理價？」

Jerry：「理性上是要，但我有可能會太衝動！」

「所以這是需要練習的，耐心和全面思考，才能讓你更心平氣和對待每件事情。」

資產先生想了想又出了一題考 Jerry，「如果知道自己投資的公司表現良好，獲利穩定並且逐年成長，價值是會水漲船高的，而且是買在合理價，那面對股市大跌，你還會恐慌嗎？」

Jerry：「我想我還是會的，不過因為是好公司，又買在合理價，我會有更多的信心繼續持有！」

我們需要好好研究公司基本面，並算出合理價，買進之後不因牛市、熊市而悲喜，好好生活，甚至忘記自己曾經在合理價買進好公司這件事，就能輕鬆放個10年，10年後想起很有可能就會獲得一筆驚喜之財！

不要盯著股價，要關注公司的價值。

3-3
有計畫，就能變有錢

慢慢變有錢的理財系統

《原來有錢人都這麼做》⑤這本書中提到一個故事：有一個超級業務員因為從小受家人用錢觀念的影響，長大後賺很多、也花很多，成為超遜理財族。他的父母正是及時行樂主義者，常常在家裡開派對、抽菸喝酒，46年來就花了3萬多美元的菸錢，要是這筆支出拿來投資會有什麼不同呢？

我們舉一個更貼近生活的例子。年年換手機是許多人的常態，也許你的舊手機還好好的，但今年你又買了一支3萬臺幣的手機，假設把這筆錢投資到平均年化報酬10％的美國大盤S&P500，會發生什麼事呢？

答案是25年後，3萬元會變超過30萬元！

你發現了嗎？同樣的一筆固定開支經過25年會有截然不同的情況，一個是資產歸零，一個則是資產翻十倍。

如果是你，你會選擇哪一個方案？

圖 3-3-1

	買手機	投資 S&P500
本金	30,000 元	
25 年後	0 元 資產歸零	300,000 元 資產翻十倍

不是要大家都不要消費、當守財奴，而是我們只要**把大部分可以減少的享樂消費，拿來做價值投資**，複利效果就會不斷將雪球越滾越大，變有錢，就是這麼簡單！

亞馬遜公司創辦人貝佐斯曾經問股神巴菲特：「你的投資理念非常簡單，為什麼大家不直接複製你的做法？」

巴菲特答道：「因為沒有人願意慢慢變有錢。」

變有錢，不是那麼簡單，除了得克制衝動消費的欲望，把消費改為進行價值投資，還需要耐心花時間等雪球慢慢越滾越大。大部分的人在等候的過程中便失去耐心，就會尋求價差、當沖、或是任何看起來可以快速變有錢的方式，不考慮高報酬伴隨著高風險，最後變成一夕慘賠！

慢慢變有錢，我們需要的就是時間與耐心，靜靜等候價值投資的成果，用時間幫我們賺錢、讓好公司的管理層與員工幫我們賺錢，就是這麼簡單，我們每個人都可以做到。

那麼我們該如何適度享樂，又能把錢存下來投資呢？

《富爸爸，窮爸爸》⑤一書中，提到要**先支付自己，再支付別人**。

支付自己意味著優先把賺來的錢付給自己，包含儲蓄投

資、投資自己；支付別人就是把錢付給別人，包含各種食衣住行育樂的消費。

一般人的消費模式

收入－支付別人的消費＝剩餘的錢

→剩餘的錢可能放著不投資，或是存更多拿去做更大筆的消費。

富爸爸的理財模式

收入－支付自己的預算＝支付別人的消費

→無論如何都先支付自己，優先讓錢為自己工作。

《有錢人想的和你不一樣》[52]提及我們可以將每個月的收入分為六類，結合《富爸爸，窮爸爸》支付自己與別人的概念，我們可以將**財務規畫設定成六個帳戶**：

1. 支付自己——**財務自由帳戶**：這筆預算專門拿來投資，讓錢為我們工作，將雪球越滾越大。

2. 支付自己——**長期儲蓄帳戶**：這筆預算作為儲蓄用途，現金為王，讓我們可以心態平穩地投資，並且一定要先儲蓄6個月～1年以上，作為生活開銷費用的緊急備用金。

3. 支付自己——**教育基金帳戶**：這筆預算就是要好好投資自己的腦袋，花錢學習，提升自己的知識與技能。

4. **支付別人——生活需求帳戶**：這筆預算用在維持自己最基本的生活需求，包含食、衣、住、行，如果開銷比維持自己最基本的生活需求更多，就算是享樂囉。

5. **支付別人——開心玩樂帳戶**：這是一筆一定要開心花完的享樂預算，包含吃大餐、旅遊、按摩SPA等等，好好犒賞自己！

6. **支付別人——貢獻付出帳戶**：這筆預算就是把錢直接送給別人，包含過年包紅包、平時捐款。

這六個帳戶占每個月收入的比例可以自行彈性調配，但記住一個原則，**先支付自己越多，就能越快達到自己的財務目標**。

Jerry聽完這個慢慢有錢的理財系統後躍躍欲試，轉頭問資產先生：「你打算怎麼設定這六個帳戶的比例呢？」

資產先生：「1、2、3支付自己的總占比75％，4、5、6支付別人的總占比25％。」

Jerry：「哇！支付自己的比例占好高哦！我打算財務自由帳戶占20％，長期儲蓄帳戶占10％，教育基金帳戶占10％，生活需求帳戶占45％，開心玩樂帳戶占10％，貢獻付出帳戶占5％，再慢慢調整增加支付自己的比例。」

資產先生：「很棒，懂得要增加支付自己的比例。」

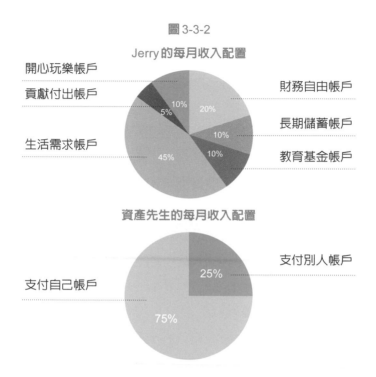

圖 3-3-2

Jerry 的每月收入配置

資產先生的每月收入配置

Jerry：「但我有個問題，我最近想學一個課程，上課費用超過我一個月教育基金帳戶的預算，我該怎麼辦？」

資產先生：「可以使用**攤提**㊾，先算出一年的教育基金總預算，就可以知道今年購買課程、書籍來投資自己腦袋的預算是多少囉！」

Jerry：「原來如此！我還想知道，除了上餐廳吃大餐，平常的吃、喝都可以列為生活需求帳戶嗎？」

資產先生：「生活需求帳戶其實就是用來維持自己最基本的生活需求，比如有一個人食量比較大，有點一個便當加

飯的A方案，和點雙主餐並加點其他小菜，再去買杯手搖飲料跟一些甜點當下午茶的B方案，那你覺得這兩個方案都可以列在生活需求帳戶嗎？」

Jerry：「A方案明顯比較省錢，但兩個做法都是為了吃飽啊！」

資產先生：「A方案就可以吃飽了，對吧？所以B方案多付給別人的消費，就是屬於開心玩樂帳戶的預算。」

Jerry：「哇！聽起來有點嚴格！」

資產先生：「所以開心玩樂帳戶的預算一定要花光光！好好犒賞自己，理財還是會充滿樂趣的！」

Jerry：「聽你這麼一說，其實我可以再降低生活需求帳戶的比例，提高支付自己的比例！」

❀ 先別急著吃棉花糖

休假睡到中午，出去餐廳享受美食，路過飲料店順便買了手搖杯。下午去逛街大買特買，逛累了，就去做按摩SPA，一整天的空閒時間，都在邊追劇邊買網購。

放長假的時候，安排出國旅遊，住高級飯店享受各種設備與服務。存到一筆錢，就去買個名牌包，或是不管車貸買輛新車，反正現在舒服最重要。

突然想投資的時候，就去跟著投資目前最新、最熱門的投資商品是什麼，期待跟著話題商品賺大錢，或是買一堆樂透，期待一夕致富。

這也是你的生活嗎？

《先別急著吃棉花糖》㉟有一個實驗，將一群大約四歲的小孩分別帶到一間房間，一次一個人，有一個大人會在小孩面前放棉花糖，告訴他有兩個選擇：

A. 15分鐘內沒有吃掉棉花糖，就可以再獲得一個棉花糖。

B. 15分鐘內吃掉棉花糖，就不能再獲得棉花糖。

接著這位大人就離開15分鐘，獨留這位小孩與棉花糖在這個房間內，看小孩有沒有辦法忍住棉花糖的誘惑，耐心等待15分鐘再獲得一顆棉花糖。

研究顯示：和那些大人一離開就把棉花糖吃掉的小孩相較，沒有吃掉棉花糖、甚至是掙扎了很久才吃的小孩，在學校裡都表現得比較好，他們更懂得與其他人相處，也比較會處理壓力。

先別急著吃棉花糖，意味著延遲享樂。

這樣的能力長大後也能培養，只要我們知道先別吃棉花糖，耐心等待就會有更多的棉花糖，便能在生活中加以實踐。

書中也提出一個有趣的例子，如果你可以獲得一筆金額：

A. 今天一次獲得100萬元。

B. 每天獲得1塊錢，翌日累積金額的倍數，總共連續30天。

你對於立刻獲得100萬元感到很心動嗎？還是你會想要耐心等待30天？

你知道嗎？耐心等待30天，最後會獲得超過5億！

圖 3-3-3　耐心等待 30 天的結果

天次	金額	天次	金額
1	1	16	32,768
2	2	17	65,536
3	4	18	131,072
4	8	19	262,144
5	16	20	524,288
6	32	21	1,048,576
7	64	22	2,097,152
8	128	23	4,194,304
9	256	24	8,388,608
10	512	25	16,777,216
11	1,024	26	33,554,432
12	2,048	27	67,108,864
13	4,096	28	134,217,728
14	8,192	29	268,435,456
15	16,384	30	536,870,912

　　股神巴菲特十一歲就開始投資，但他 99％的財富都是在五十歲後獲得的。也就是說他耐心等待了好幾十年，讓雪球越滾越大，他在這個過程裡，並沒有隨意吃掉棉花糖。他沒有住豪宅，而是住在六十幾年前所買的房子裡，簡樸地生活著；他在自己公司的地下室花幾百元理髮，而不是去高級沙龍；他也沒有因為變富裕，就揮霍時間，整日玩樂、耍廢，他還是常常深入研究投資標的，跟著時代不斷

學習；他也沒有把投資外包，或是跟隨市場媒體，推出流量超高、超夯的新投資商品，而是住在他的老家——清靜的奧馬哈，並堅持價值投資至今。他的做法就是堅持不先吃棉花糖，以獲取更大的棉花糖。

《先別急著吃棉花糖》所列出的成功方程式：

目標＋熱情＋行動＝平靜

「行動」絕對是改變一切的重點，從這個問題開始：「我願意在今天做些什麼，好讓明天成功？」

列出你的答案，讓我們一起開始行動！

同時也請記得，如果偶爾不小心吃掉棉花糖，也不要太過苛責自己，更重要的是，把注意力放在你所做到的，多肯定自己一點！

試想：如果我們一早起來，就先從最困難的目標開始，完成之後就可以倒吃甘蔗，工作越做越順。你還可以安排時間運動，空檔時間看看書或線上課，三餐吃得簡單平凡，讓支付自己的帳戶占比增加。

放長假的時候好好整理自己的家，出清沒有在用的物品，或是著手一個計畫，例如發展副業或是學習某知識或技能，身上有一筆錢的時候，研究好公司，並等待落入合理價的買入時機。

這樣的人生會是怎麼樣的體驗呢？我們是不是可以擁有更健康的身體，還能提升自己的知識與技能，獲得更多的財富呢？

如此的話，你會如何展開新的一天？放長假的時候打算做

些什麼？身上有一筆錢的時候，會如何運用這筆錢？是不是有新的想法了呢？

專注風險、專注風險、專注風險！

因為很重要，所以要說三遍：「專注風險、專注風險、專注風險！」

資產先生：「你剛剛規畫好了財務自由帳戶，有想過要把這筆預算做怎樣的投資嗎？」

Jerry 邊數著帳戶金額邊說：「我想要一部分拿去買樂透，就算沒有頭獎，也說不定可以中 100 萬以上！一部分拿去買這幾年很夯的虛擬貨幣，搞不好會大賺耶！一部分做當沖、賺價差，我每次看到當沖老師秀出的圖都好誘人！最後一部分，跟著股神巴菲特投資，他投資什麼，我就跟著買！」

資產先生汗顏，「你確定你是在投資？」

Jerry：「呃……最後一項……跟著股神巴菲特投資，總不會錯吧！」

資產先生：「那你投資股神巴菲特經營的波克夏公司就可以了，不過這樣你也把思考完全外包了！」

Jerry：「外包給股神巴菲特是我的榮幸！」

資產先生：「你腦筋動很快喔，那買樂透、虛擬貨幣、做當沖呢？」

Jerry：「唉呀！我是想，說不定可以大賺一筆，雖然機

率比較小，但有試有機會嘛！」

資產先生：「你只看到報酬，**高報酬往往也伴隨著高風險**，有想過可能因此血本無歸嗎？如此一來，原本用來投資的本金也會因為投機而不見哦！」

Jerry：「可是慢慢變有錢太難了！」

資產先生：「那你有沒有想過換個方式思考，如果提升了自己的知識與技能，為自己創造更多收入，財務自由帳戶的預算就變多了，可以投資的本金變大，雪球也可以滾得更大！」

Jerry：「你說得有道理！」

資產先生：「而且當投資的本金變大，所得到的報酬也會比較大，同樣都是 10％報酬，本金如果是 10 萬，就會變成 11 萬，相差 1 萬。本金如果是 100 萬，就會變成 110 萬，相差 10 萬，1 萬跟 10 萬，就有明顯差異了。」

Jerry：「聽起來真的要好好存錢！我要努力存到一桶金！」

資產先生：「加油！**用複利加速財務自由！**我可以理解很多人在本金還小的時候，就會想要投機，但只看到報酬，不顧風險，很可能把本金都賠光了，這樣更得不償失；其實價值投資者不是完全不看報酬，只是放在最後。」

「那價值投資者會先看什麼？」

「**專注在我們可以控制的：風險、成本、時間、行為。**大部分人只關注報酬，但報酬實際上是不可控的，所以只專注在報酬，就很容易投機，並帶來高風險，而價值投資者

比起報酬，更重視風險、成本、時間、行為，畢竟投資的前提就是不要賠錢。」

圖 3-3-4

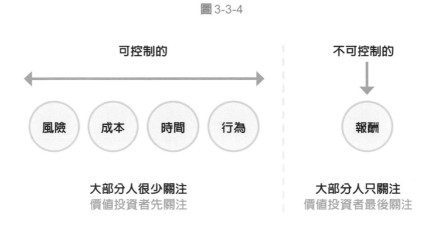

Jerry 仔細看了這張圖表後說，「就是因為專注風險，所以才選擇做價值投資嗎？」

資產先生：「沒錯！我都會先研究自己熟悉或有興趣的公司，看基本面、財報，判斷是否為好公司，並做菜盤配置，接著等待好公司落入合理價再買進，投資風險自然就降低了。」

Jerry：「這樣好像……比用猜的或用祈禱的更實際耶！」

資產先生：「股神巴菲特說過：『**人生就像滾雪球，你只要找到濕的雪、很長的坡道，雪球就會越滾越大。**』『濕的雪』就是投資標的，也就是落入合理價的好公司，『很

長的坡道』就是時間，雪球之所以會越滾越大，就是因為複利效應，複利是隨著時間呈指數型成長，所以最後威力會很大。」

Jerry：「所以如果我沒有耐心，就等不到指數型成長囉？」

資產先生：「沒錯！股神巴菲特從年輕時就做價值投資，到現在九十幾歲還在做價值投資，花了不只一甲子的時間，而且99％的財富，是在50歲以後獲得的，如果他在40歲就失去耐心把所有的投資獲利了結，就沒有現在的股神巴菲特了。」

Jerry：「99％的財富，是在50歲以後獲得的，這個指數型成長好驚人！」

資產先生：「而且一開始滾的這顆『雪球』（本金）大小，以及過程中是否還有加『雪』（本金），讓『雪球』更大顆，也都會影響最後的『雪球』（資產）大小。」

Jerry：「看來我真的要好好提升知識與技能，讓自己的收入變多，財務自由帳戶的預算也就會變多，我要滾出大雪球！」

資產先生：「沒錯！而且要做好資產配置，你可以想想看自己要有幾種被動收入來源？例如當一個人有做價值投資，同時又有房地產的租金收入、擁有一個團隊為他工作、販售一些固定每個月都會有人購買的線上課程、擁有每個月穩定的聯盟行銷收入，手上又有很多資金；既然知道價值投資有效果，而且擁有多種被動收入來源，這樣還

會容易在股市下跌感到恐慌嗎？」

Jerry：「跟我比起來，肯定比較不會！」

資產先生：「不過打造多元被動收入來源絕對是一步一腳印，我們可以先從價值投資開始，股息就是很好的被動收入來源，**操作價值投資的時候，可以投資5個以上的不同產業分散風險**，這樣就算其中一、兩個產業受到影響，我們也不必太緊張，因為其餘產業的價值都還是穩固的。就像疫情期間，旅遊業、航空業大受影響，但民生用品、房地產等產業仍被大家所需要，甚至因為遠距工作，電腦越賣越多臺，疫苗的需求也大幅度增加，當你投資不同產業的好公司，自然就不會太緊張。」

Jerry：「對耶！所以我可以先從這部分開始！」

資產先生：「很棒！還有一點，現金就是氧氣，當你有充足的現金，自然也不會恐慌，也可以**多利用短期的國庫債券及定存，讓現金還是有一點增值空間，又可以保持彈性！**」

Jerry：「很棒的方法耶！」

資產先生：「我們做投資決策時，也要注意自己是否保持平穩心態，還有是否經過縝密的思考與分析，避免做出跟單、抄短線等投機行為。我們在前面的章節已經知道，大腦天生就喜歡走捷徑思考，會讓我們誤以為自己的決策有經過三思，所以我們做決策更要深入分析，並且用更全面、多元的視角看待投資，避免只單向或雙向思考，畢竟逆向思考也不見得正確，或因幾次矇中就以為某方法有

效，而產生賭徒效應心理，或以為一直盯盤、一直動會比較好，而犯了行動偏誤，或因天生害怕損失而無法長期持有，或者對於局勢過度樂觀而追高，這些心理與思考模式都很容易讓我們做出錯誤的投資決策，所以我們要盡量避免。」

Jerry：「沒想到價值投資還需要注意這麼多事情！」

資產先生：「沒錯！要先關注在自己可以控制的，包含風險、成本、時間、行為，至於我們不可控制的——報酬，放到最後再關注。」

人生就像滾雪球，你只要找到濕的雪、很長的坡道，雪球就會越滾越大。

3-4
解套恐慌心理的
具體方法

注意力轉移大法

Jerry：「天哪！我最近聽到一個新聞說，股市要崩盤了，怎麼辦？」

資產先生：「先冷靜下來！深呼吸！好，現在請你回答我，你最喜歡做什麼事？」

Jerry：「我最喜歡追劇跟看漫畫！咦？那跟『股市要崩盤了』有什麼關係？」

資產先生：「還記得我之前說過，沒有人可以預測股市的漲跌嗎？」

Jerry：「對⋯⋯你有說過⋯⋯」

資產先生：「你有挑選好公司，並且買在合理價嗎？你有做好資產配置嗎？」

Jerry：「我都有跟著你的做法，可是想到這個消息還是很緊張，雖然不知道會不會發生，但還是覺得很害怕。」

　　資產先生：「人們天生就害怕虧損，所以會緊張害怕是正常的，但我們要讓自己保持冷靜，這時就要把手機的券商軟體刪除！」

　　Jerry：「刪除？不好吧？」

　　資產先生：「你還記得一直盯盤會有什麼負向效果嗎？」

　　Jerry：「可能會產生想要追高或害怕損失的心理，而做出錯誤的投資決策，也容易因此造成過度交易，花上更多時間、手續費，還造成情緒波動……這些我都知道，但就是很難做到！」

　　資產先生：「所以囉，把手機的券商軟體刪除，也把遙控器關掉，不要一直看新聞，你不去看、就不會一直想、一直嚇自己。可以的話，試試先別吃棉花糖，專注在自我提升，多利用空檔累積投資理財知識，也就不會想東想西了。」

　　Jerry：「轉移注意力？就這麼簡單？」

　　資產先生：「你想想看股神巴菲特被稱為股神，他做了些什麼？不做些什麼？」

　　Jerry：「他一直在做價值投資，好像沒有新聞說過他會因為股市波動而感到恐慌……」

　　資產先生：「沒錯！他**在大家都恐慌的時候，反而常常看到機會、抓住機會**，加上他平常就把注意力放在研究好公司、等待合理價，面對股市下跌，他會加碼，股市往上衝，他會觀望，這是因為他只在乎用合理價買好公司，並做好資產配置，讓自己的心態更平穩；在練就強大的心態

前，我們可以先轉移注意力到自己感興趣的地方，才不會因為過度恐慌或過度樂觀而做錯投資決策。」

Jerry：「好啦！我來看一下有沒有好的價值投資課程可以上！」

面對股市崩盤，一起解套恐慌心理

2000 年網路泡沫、2008 年金融海嘯造成了股災，你是否還有印象？面對股市大跌，除了感到無限恐慌，我們還可以怎麼辦？

首先，保持冷靜！我們一起來解套恐慌！

當股市跌幅超過 30％，我們可以先把手上持有的股票全賣掉，認真思考原本所投資的公司的「價值」是否有改變。如果沒有改變，就買回來，我們是做「價值」投資，看的是「價值」，「價值」永遠比「價格」更重要！

股市大跌，如同進入很狂的週年慶。

想想看：當百貨公司進入週年慶，今年還是 10 週年特別企畫，所有商品打折再打折，你會趕快去撿便宜瘋狂搶購自己很喜歡的品牌的商品嗎？原本的價格讓你下不了手，週年慶特別優惠，你會不會多買幾件呢？你會認為因為促銷活動買的某個大品牌商品比較優惠，這個品牌的商品的價值就會有所改變嗎？

換成股市，當所有公司的「價格」都大打折了，你是否會想要趕快撿便宜呢？你是否看見加碼好公司的機會了呢？

　　遇到股災時的加碼原則和實戰，我們會在第五章詳細說明。面對股災，人人都會恐慌，股神巴菲特身處股災中，仍堅持做價值投資，甚至看見許多機會而不斷加碼，因為他專注的正是公司的「價值」，而非「價格」。

　　專注於我們可以控制的事物，比如風險、成本、時間、行為，對於我們不可控制的，就學會輕輕放下，就能讓我們不管是面對股市或生活，都能心平氣和、感到富足。

大家恐慌的時候，反而常常看到機會。

第四章

價值投資實戰：
不需預測未來的
估價法

價值投資的核心是透過深入了解一間公司的基本面，評估公司的眞正價值，並挑選出具有價值的好公司，並在合理價買入。

我們已經在第二章透過公司資訊、帳面價值找到好公司，那麼該怎麼知道合理價是多少呢？

坊間最常見的估價標準是看本益比（P/E），但假如忽略了 EPS 中可能埋藏的陷阱，很容易讓人錯判局勢。用本益比估價，需要將現在與預期的 EPS 納入考量，估價才更準確。

這章想告訴你的是，用「資產」計算，估價可以簡單至單一的方法：**「PB 估價法」**，讓你投資就算倒了，都還能賺錢的公司。同時，若能投資在股息成長的公司，不需要被盤勢綁架時間，也能讓時間爲你帶來巨大財富。

（※本章股市相關專有名詞，參見P. 189）

4-1
本益比可能讓你選錯好公司

「Jerry，相信你應該知道什麼是本益比吧？」

資產先生拋了一個問題給 Jerry，想從中判斷他對於本益比的了解程度如何。

「知道呀！本益比越低，越快能收回成本，我一看到本益比很低就下手了。」

Jerry 在此刻顯得很有自信，鼻子都不知不覺地抬高了幾分。

「那……你知道如果只單看本益比，其實容易被這個假象所騙嗎？」

資產先生看著 Jerry，他卻久久沒說話。

「我們之前提到的 ABC 三步驟，其中 A 步驟是最重要的！」資產先生翻出之前寫的那張投資ABC三步驟給 Jerry。

「在評估一間公司是不是好公司時，一定會看本益比，但不能只看本益比。因為本益比其中的EPS，公司其實有很多操作性的手段，所以得藉由其他報表來確定這個本益比安不安全。」

⑪ 避免誤用本益比，魔鬼藏在 EPS 裡

本益比（P/E）是我們在投資的時候一定會碰到的指標，**本益比簡單來說就是投資的錢要多少年才能回本**，投資者利用股價對每股獲利（Earnings Per Share，以下簡稱EPS）的比例來判斷是否要投資。

本益比（P/E）＝股價／EPS

假設有一間公司股價為100元，EPS為10元，那麼本益比就是100/10＝10，也就是你現在投資的話，10年會回本。

大家通常會說，本益比高就代表股價貴，事實上沒有這麼簡單。

本益比不是不好的指標，只是比較「駑鈍」的工具，不能當作篩選好公司的唯一指標，本益比同為10的兩家公司可能有截然不同的投資績效。為什麼呢？

由上面的公式可知，評估本益比我們必須知道EPS包含了什麼。魔鬼藏在細節裡，用本益比作為估價指標，必須建立在**「這間公司EPS長期穩定」**的重要前提上。

EPS長期不穩定的公司，在ABC三步驟的A篩選階段就出局了，更不用進入估價環節，不看EPS穩定與否、就以本益比評估一間公司，是許多人會犯的致命錯誤。評估一間公司EPS長期是否穩定，**建議以10年穩定成長為標準**。

不過EPS裡的細節遠沒有這麼簡單，事實上EPS是否能真

正代表該公司的獲利能力，也是我們應該深入研究的。如果一間公司收入來源比較複雜，例如有土地收入、租稅、外匯的損益等等，會影響本益比的準確性。

影響 EPS 的關鍵很多，公司回購股票、短期損失等內部事件、官司纏身、公關危機等外部事件都有可能讓 EPS 大跌。由此也可發現，EPS 存在人爲操作的空間，例如一間公司可以藉由收購低本益比的公司來推高股價，因爲收購可以使 EPS 增加，而市場會根據本益比較高的公司，來推算合理的股價。

有些企業會利用一些處理併購，或當年不須計入在外流通股數的特定混合式證券，誇大收購公司所貢獻的獲利，這樣一來一往，就創造了看似漂亮的本益比，這樣的情況巴菲特形容它是「國王的新衣」。

簡單來說，某些公司會以一些「方式」扭曲會計資訊，試圖遮掩業務的眞實性，遮到後來可能連管理層都以爲是眞的。就好比蓄水的水庫，使用過一段時間，牆壁已經有些許破損，但管理層卻用水泥漆填補裂縫表面，讓外表看似沒問題，但也許不需要多久水庫就會崩塌。

也或許公司高層預見這種期況，早一步逃走了，但留下來的投資人呢？一個爛公司不可能只靠著會計或財務技巧而搖身一變成爲好公司。

因此，EPS 不見得能反映出公司眞正的價值，更不代表公司未來的獲利持續性。

再來，看本益比不能只著眼現在。事實上本益比分爲

兩種，一種比較直觀：「本益比＝現在的股價／現在的EPS」。

不過價值投資強調的是投資在長期成長的好公司，我們更應該同時關注另一種：**「本益比＝現在的股價／未來的EPS」，現在和未來的EPS都應該評估。**

那麼預估一間公司未來的EPS，要抓多少的成長率準確呢？許多分析師其實會參考各公司的 「10-k財報⑮」的數據，我們也可以作為參考；不過許多公司有時為了維持高的股價，會公布較高的預期EPS，也有保守的企業會公布較低的預期。

我們在預測EPS時需要留意不要陷入**「價值陷阱」**。假設一間公司的EPS持續衰敗，代表它的獲利能力已經衰退了，那麼你怎麼預估都是枉然。

尤其發生股災時，EPS與股價可能會同步往下，會造成本益比看起來沒什麼變化，但實際上股價可能已經跌了超過50%。

📊 本益比的正確使用法

除了剛剛說的EPS是否是從本業中獲利，**衡量本益比也得跟同產業之間做比較**，這裡的同產業不是指分類在同一個產業的公司就行，而是得看公司的**業務性質**是否一樣，因為即使是同一種產業，公司的業務性質差異還是很大的，有的公司可能是上游產業，總不能拿來跟下游類型的公司

一起比較吧？

以麵包產業為例，做麵包得要有四種基本材料（麵粉、酵母、水、鹽），將材料放入機器（攪拌機），以不同速度讓麵糰變得柔軟有彈性，經過酵母發酵後，由麵點師傅做出不同的造型，最後進入烤箱烘烤，烤出來的產品再由銷售人員販賣。

麵包產業簡單區分為：

上游：原料供應商（麵粉、酵母）

↓

中游：將原料加工成產品的製造商（麵包師傅）

↓

下游：將產品賣給消費者的商家（餐廳、超市、麵包店）

被歸類在同個產業，但彼此的業務並不一樣，受到的影響因素自然也不一樣。

另一個比較簡單使用本益比的方式，是**同一間公司自己跟自己比較**，來了解本益比是否相對便宜，這時我們可以使用「相對本益比估價法」。

相對本益比估價法

透過比較公司近 1 年本益比和 5 年平均本益比，可以較為客觀了解這間公司現在的本益比，相對來說是高還是低。

我們評估的標準是**近1年本益比＜5年平均本益比**，因為「本益比（P/E）＝股價／EPS」，而好公司的EPS穩定成長，這代表目前股價在相對低點，是一個進場的好機會。

以蘋果公司（美股代碼：AAPL）為例，在2022年9月曾出現一次「本益比＜5年本益比」。查詢相對本益比可以依據以下步驟：

1. 進入財報網站：www.stockboss.io
2. 輸入想查詢的股票代碼。
3. 點擊儀表板「價值評估」，就可以看到〈圖4-1-1〉。

做相對本益比的同時，還是別忘了注意其他數值，包含公司的歷年淨收入、股東數等變化。

圖4-1-1

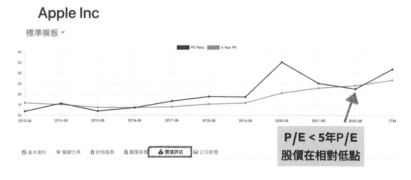

（資料來源：STOCKBOSS）

要注意的是，自己跟自己比，每年的時空背景可能都不太一樣，得知道當時這間公司處於什麼情況下，有可能是公

司在轉型或是營收組合有改變等，得在類似的環境下做比較才妥當。

本益比與公司回購的關係

在公司為值得投資的好公司前提下，我們要進行ABC三步驟的 B 來評估合理價。這時我們希望股價低（便宜），EPS 高（賺更多錢），因此在估價時，會得出「本益比越小越好」的結論。

當我們希望本益比越小，有兩種情況：

1. EPS 不變情況下，股價降低，意味著此時有機會撿便宜進場。
2. 股價不變情況下，EPS 升高，意味著此時有機會撿便宜進場。

而情況 2 中，當我們希望 EPS 升高，有兩種情況。這裡先跟大家解釋 EPS 是如何計算的。

每股獲利 EPS（Earnings Per Share）＝
每股盈餘（Earnings）／**股東數**（Per Share）

翻成白話可理解為「今年每個股東，可以為我們淨賺多少錢」，EPS 越高，代表公司越來越賺錢。

EPS 逐年升高有兩種情況：

1. 淨收入逐年增加，解讀：公司越來越賺錢。

2.股數數逐年減少，解讀：公司持續回購自己的股票（回
　購股票對股東有利）。

　　我們知道公司的淨收入一翻兩瞪眼，沒辦法被改變，但是
股東數卻可以透過公司政策來執行股票回購而改變，使股
數變少，這時你在公司的「分量」就增加了。舉個例子：
如果公司發行 100 股，這時你買了 1 股，此時你擁有公司
的 1／100；如果此時公司回購 90 股，那麼公司目前就剩下
10 股，此時你就等於擁有公司的 1／10。

　　此時，Jerry 立刻興奮地搭腔：「股票回購不是好事一樁
嗎？表示公司願意花錢把自己公司的股數買回來啊！那回
購越多就越好囉？」

　　資產先生笑笑地說：「確實，但這個前提是公司**應該要以
『合理的價格』回購股票**。若是硬生生比合理價還要貴很
多的價格回購，不就等同浪費公司白花花的銀兩嗎？」

　　資產先生繼續補充：「有些公司會在股市高點時回購股
票，這樣等於公司白白花更多的『現金』來做回購。有些
公司則是定期回購股票，這樣是不錯的。但真正厲害的公
司，會在金融海嘯來時，大量回購自己的股票。當然我們
要判斷公司回購好不好，前提這間公司是一間賺錢的公
司。」（公司回購的金額與數量，都會在年報中註明出
來，請於 10-k 財報中，搜尋 stock repurchase）。

　　整體而言，公司回購股票，是對股東來說是好的。但如果
公司只是為了增加EPS，而亂花公司的現金回購股票，這時
你應該合理懷疑：「公司是否是為了讓 EPS 比去年高，進

一步使本益比變小，而做出這樣非理性的決策？」

　　抽絲剝繭後會發現，真正影響本益比（P/E）的，除了市場預期給予的「股價」，更要留意的是「淨收入」是否有越來越多，再來觀察「股東數」是否越來越小⑯。

　　但是要注意的情況也有兩種：

1. **股價增加的速度遠超過 EPS 成長速度，導致本益比暴增。**這代表市場過度看好該公司的成長性，造成股價快速飆高，此時不宜冒險追高。

2. **當 EPS 成長速度遠超過股價成長速度，導致本益比變低。**這代表公司成長快速，但市場還未發現這間公司的潛力，此時就是進場機會。

　　須注意的是許多網站換算的本益比，所用的 EPS 都是用最近一年的數值來計算，但這不代表未來。尤其，若該公司的 EPS 相當不穩定，有些年賺錢、有些年賠錢，這時若用本益比來評斷，風險就很高。

　　使用本益比來估價，像是預測公司未來收入能夠持續且穩定，但未來收入本質上就存在誤差，且誤差可能會隨著時間而放大。

　　下一章節，將帶你學習誤差較小，更穩定的估價方式。

4-2

尋找資產穩定上升的公司

📊 「資產」，是篩選好公司的標準

Jerry聽完資產先生的本益比課程後，一陣頭暈：「本益比有這麼多隱藏陷阱，我覺得好難啊！資產先生，你都怎麼篩選出好公司？有沒有更好的方法呢？」

資產先生：「本益比確實存在許多不確定性，也確實有更穩定的評估方法。」

Jerry：「快點告訴我！」

資產先生：「我通常會更專注看公司的『**資產**』，運用資產來作為判斷好公司與進場原則，這樣不做任何預測，也可以買到好公司。」

如果說篩選出好公司，有什麼最簡單的標準，我會說就是「資產」。而資產，是指一間公司所有的房地產、設備及現金等，扣掉債務的總和：

總資產－總負債＝帳面價值[57]

　　為何用「資產」評斷一間公司呢？資產相較於獲利或者收入，是一個相對穩定、不會在短期大幅增減的指標，而公司獲利與資產多寡通常呈現正相關。

　　就像一個真正的有錢人，會擁有許多資產，股票、房地產、事業體等等，而這些資產，也都不會在短時間內突然增加或減少，不像收入可能這個月翻倍、下個月減半。

公司負債是好是壞？

　　這裡我們對資產篩選的標準是：**公司資產必須年年增加**，在財報上可以看的指標是每股帳面價值（Book Value Per Share，以下簡稱BVPS），BVPS是「帳面價值／股東數」。換言之，可以想像當公司現在面臨倒閉，需要清算資產時，扣除總負債後，還可以還給每個股東的錢有多少。

　　我們可以理解為，當公司**負債越少**（**甚至零負債**），**這時股東權益就越多，帳面價值也就越大**（但再怎麼多，也不可能超過公司的總資產）。

　　而當一間公司的BVPS穩定上升，就表示公司的「資產」變多，可以想像公司正在擴展，價值越來越高。

圖4-2-1　資產年年增加的波克夏‧海瑟威公司

（資料來源：STOCKBOSS）

　　如果一間公司借太多錢，也可能造成帳面價值變低，要知道負債是一個雙面刃，不一定是好或不好。

　　負債用得好，公司可以發展得更快；負債用得不好，公司也會倒閉得更快。所以我個人不太喜歡負債太多的公司，看公司帳面價值有沒持續增加，也能過濾掉這些太多負債的公司。

　　從公司資產篩選好公司，容易使我們找到那些股留子孫、不會倒的老品牌，甚至股息一年比一年多，這也正是價值投資者所追求的資產累積。

4-3
「不恐慌估價法」：
資產股估價

PB 估價法：公司倒了都可以賺錢的資產股

PB 的中文是「股價淨值比」，有鑑於本益比估價法存在許多不確定性，想要相對於穩定的估價方式，那就是「PB 估價法」。

PB＝股價（P）／每股帳面價值（BVPS）

BVPS 就是公司的目前的資產價值，也就是前面說的，倒了可以還給股東多少錢。

想想看如果今天股價是 100 元，但公司倒了以後可以還給你 120 元，那代表什麼？代表此時是公司的合理價格。當 BVPS 越大，換算後的 PB 越小，只要 BVPS＞100，就代表現在購入這間公司的股票，即使公司倒閉了你也不虧錢。

以「PB 估價法」來評估幾間公司是不是處於合理價。迪

士尼（美股代碼：DIS），2023年7月股價為89.49，通常我們會看近一年的每股帳面價值（BVPS的TTM⑱）可以看到迪士尼每一股最少價值54.95。此處「股價＞BVPS」，代表目前價格大於公司真正價值。

圖4-3-1　迪士尼的PB估價

The Walt Disney Co DIS　**2023年7月股價：89.49**

DIS 幣別：USD	09	2014-09	2015-09	2016-09	2017-09	2018-09	2019-09	2020-09	2021-09	2022-09	TTM
Book Value per Sh...	5.24	26.45	27.83	27.04	27.54	32.52	49.90	46.25	48.71	53.35	54.95

每股帳面價值 BVPS
（又稱每股淨值）

表示 DIS 每一股
最少價值 54.95

（資料來源：STOCKBOSS）

再舉一個例子，富國銀行（美股代碼：WFC），2023年7月股價為42.74，BVPS的TTM，也就是富國銀行每一股最少價值為42.18。此處「BVPS＞股價」，代表目前公司真正價值被低估了。

圖4-3-2　富國銀行的PB估價

_{WELLS FARGO} **Wells Fargo & Co**　**2023年7月股價：42.74**

WFC 幣別：USD	2	2014-12	2015-12	2016-12	2017-12	2018-12	2019-12	2020-12	2021-12	2022-12	TTM
Book Value per Sh...	3.27	31.95	33.54	34.89	37.12	37.75	40.05	39.47	43.12	41.85	42.18

表示 WFC 每一股
最少價值 42.18

（資料來源：STOCKBOSS）

提到資產股，就會想到哥倫比亞的教授——班傑明・葛拉漢，被稱爲「價值投資之父」（同時也是巴菲特的老師）。班傑明・葛拉漢與大衛・陶德在 1920 年所共同撰寫的《有價證券分析》更是開啓了價值投資的第一道門。

葛拉漢喜歡用資產股的角度去看公司，葛拉漢甚至形容他買的股票叫「雪茄屁股」。就像掉在路上的雪茄屁股，撿起來再點火，總還是能吸上一口。

葛拉漢總是考慮一家公司死亡時的價值是多少，也就是清算價值。這些便宜、被遺棄的公司，只要股價低於這家公司清算的價值，那就是被低估的公司。

另外要注意一件事，如果股價遠大於 BVPS，也不一定代表公司太貴。因爲 PB 估價法是比較保守的估價方式，不考慮公司未來的獲利，只考慮公司當下的資產。

驗證 PB 估價法：巴菲特購入紐約梅隆銀行

巴菲特在 2010 年 9 月，曾以每股 25.5 美元大量購入紐約梅隆銀行（美股代碼：BK）的股票，而當時該公司的 BVPS 爲 26 美元。

這是什麼意思？意即若當時公司面臨倒閉窘境，清算公司資產後，每持有一股的股東，就可以拿回 26 美元。對巴菲特來說，他等於花 25.5 美元，可以拿到 26 美元，簡直是穩賺不賠的生意，即使公司倒閉也不怕。

且由於 BVPS 難以透過公司政策被動手腳，相對於本益比

而言，PB 較為客觀與準確。尤其當一間公司的 BVPS 穩定
上升，表示該公司不論資產、設備及現金都在逐年增加，
若能當這樣公司的股東，當然是很開心的事。這類「倒了
都可以賺錢的」好公司，我們稱之為「**資產股**」。

用相對 PB 估價法，看出公司有沒有被低估

　　不過由於現今科技日新月異，許多分析軟體與技術進步速
度相對過去十年來說增加許多，也就是讓更多投資人越來
越快發覺資產股，所以現今要遇到這類資產股可說是難度
增加許多，但我們還有另一個辦法，就是使用「相對 PB 估
價法」。

　　類似相對本益比的使用方式，既然絕對值找不到，那就找
相對值。以臺積電（美股代碼：TSM）為例，用公司近一
年的 PB 和其 5 年平均 PB 較，PB ＜ 5 年 PB，就是一個進場
時機。

圖 4-3-3　臺積電的相對 PB 估價

Taiwan Semiconductor Manufacturing Co Ltd

❀ 基本資料　● 關鍵比率　📄 財務報表　📊 圖像財報　**💰 價值評估**　公司新聞

TSM 類別・USD		2	2014-12	2015-12	2016-12	2017-12	2018-12	2019-12	2020-12	2021-12	2022-12	TTM
∠ Earnings Power Va... ...			.86)	(0.15)	1.54	3.82	6.11	8.72	7.47	9.23	5.28	5.90	4.72
∠ Book Value per Sh... ...||||| 5.41	6.29	7.02	8.19	9.62	10.40	10.28	12.55	14.94	18.26	19.44
∠ PE Ratio ...||||| 1.86	14.37	12.24	14.19	17.26	16.11	24.25	26.90	26.93	11.71	15.72
∠ 5-Year PE ||||||||| 3.08	14.21	14.37	14.29	14.58	14.83	16.81	19.74	22.29	21.18	21.10
∠ 10-Year PE |||||||||| 1.45	14.66	14.21	14.24	14.51	14.96	15.51	17.06	18.29	17.88	17.97
∠ PB Ratio ...||||| 3.22	3.56	3.24	3.51	4.12	3.55	5.65	8.69	8.06	4.08	4.83
∠ 5-Year PB ||||||||| 3.47	3.41	3.38	3.43	3.53	3.60	4.01	5.10	6.01	6.01	6.26
∠ 10-Year PB |||||||||| 1.45	3.49	3.45	3.39	3.46	3.53	3.71	4.24	4.72	4.77	.93

**PB ＜ 5年 PB
股價在相對低點**

（資料來源：STOCKBOSS）

用相對 PB 估價，可以算出資產股的合理價選擇更多，而 PB 相較本益比（P／E），也是一個更穩定的指標，畢竟資產不會大幅增減，而獲利則會起起伏伏，因此透過資產評估而非獲利，用這個方法，你會發現你的採購清單中，幾乎每一年都能找到可以加碼或是進場的股票。

減少估價誤差的方法

現在我們學會用資產股的角度去估價，會比看獲利、與預測未來估價公式還要穩定，像是本益比或是本書不會探討的 PEG 成長股估價、企業乘數估價法、現金流量折現公式 DCF 等估價公式。

預測公司獲利的本身，就是誤差的來源。

可以減少估價誤差的方法有三種：

1. 長期持有股票，讓時間減少不確定性。
2. 分散風險，投資不同的股票。
3. 使用資產股相關的估價方法。

三種都做到的話，並搭配〈第五章　不恐慌的加碼原則〉，就可以創造一個安穩的投資組合，任何未來的不確定，都能讓你安穩度過，實現真正的投資累積財富。

📈 EPV 盈餘能力價值：保守看出公司的優勢

Jerry：「我已經了解資產股的估價了！但只有看現在的資產，這樣的估價會不會太過於保守？」

資產先生：「保守不是壞事，這樣會讓你進場時更安全。不過價值投資到了近代，哥倫比亞大學的教授有提出一個新的公式：EPV 盈餘能力價值，是不需要預測未來獲利的估價公式。」

Jerry：「那快點教我吧！」

資產先生：「Jerry 的求知欲越來越強了，也看到你持續成長。就跟你分享這個壓箱寶的估價吧！」

EPV 英文為 Earning Power Value，中文為「盈餘能力價值」（獲利能力價值），是哥倫比亞大學教授布魯斯・格林沃德主要推廣的估價方式，估價的基礎是考慮公司的資產價值，但也同時考慮公司的獲利，但避免預估獲利造成為來的誤差，他會假設公司獲利未來的成長率為 0，保持一樣的獲利，來推估公司真正的價值是多少，這樣的好處是兼顧資產股的特性，但也考慮公司未來「穩定」的獲利，來減少估價的誤差。

EPV 適用於公司獲利穩定，可預測性高的公司上，如果公司變動太快，或是成長速度太快，也可能會低估公司。

EPV＝調整後的盈餘／資金成本

公式中調整後的盈餘，指的是當期的盈餘，然後假設這項盈餘穩定但不成長，再來計算資金成本，資金成本可以想像是股東的期望報酬率，布魯斯‧格林沃德認為抓「10％」就是一個簡單又精準的數值。

舉個例子，假設 BOS 是一間上市公司，投資人對 BOS 公司的期望是或去 10％的報酬率（美股、臺股長期報酬率差不多就是 10％），而 BOS 每年扣掉成本，可以穩定賺到 100 萬美元，那這時候 EPV 盈餘能力價值就是「100萬／10％＝1,000 萬」，1,000 萬就是這家公司的價值，如果再除以股東數，就可以跟股價比較，來了解是否是合理價。

如果要計算公司真正的資金成本，需要使用加權平均資金成本（Weighted Average Cost of Capital，簡稱 WACC），這個數值會比較難計算，對會計領域有興趣的人再研究即可，通常抓 10％，是一個比較簡單的估算方式。

而所謂「調整後的盈餘」，要怎麼計算呢？下面列出計算 EPV 所需要調整的數值，下面看起來可能會有點頭痛，但不用擔心 STOCKBOSS 網站會幫你計算公司的 EPV，這邊是列給對會計有興趣的人，可以自行深入去研究：

Step 1：尋找調整與合理稅前利息前利潤比率（EBIT Margin）。

Step 2：把 EBIT 數據正常化：調整「EBIT 比率×合理收入」的預測。

Step 3：把應該屬於未來的研發成本、銷售、一般及行政費用加回去。

Step 4：找出稅率和找出「稅後盈利」（Earnings after tax）。

Step 5：因會計的標準，可能它們的折舊算太多或太少，所以把它加回去。並將「維護資產支出」（Maintenance Capital Expenditure）扣除。

Step 6：計算資產成本（Cost of Capital）。

Step 7：標準化盈利折扣，把不是債的現金加回去。

Step 8：把數字除以股東數，得到EPV，此時可以跟股價做比較。

如果看到這邊有點頭痛，那是正常的，大概了解EPV想要表達的觀念即可。那我們去STOCKBOSS網站上，點選儀表板的「價值評估」，就可以看到下圖。

圖4-3-4　查詢AAPL的EPV數值

AAPL 幣別 USD		2014-09	2015-09	2016-09	2017-09	2018-09	2019-09	2020-09	2021-09	2022-09	TTM
Earnings Power Va...		12.14	15.39	18.10	17.99	21.07	27.09	28.75	33.57	41.69	49.15
Book Value per Sh...		4.75	5.35	6.01	6.54	5.63	5.09	3.85	3.84	3.18	3.85
PE Ratio		15.62	11.97	13.60	16.73	18.94	18.85	35.31	25.22	22.62	29.38
5-Year PE		15.04	13.69	13.66	13.98	15.37	16.02	20.69	23.01	24.19	26.28
10-Year PE		22.02	19.75	17.71	15.47	15.69	15.53	17.19	18.33	19.09	20.82
PB Ratio		5.30	5.16	4.70	5.89	10.02	11.00	30.09	36.84	43.49	45.38
5-Year PB		4.83	4.77	4.79	4.90	6.21	7.35	12.34	18.77	26.29	33.36
10-Year PB		5.58	5.49	5.30	4.97	5.52	6.09	8.56	11.78	15.60	19.79

（資料來源：STOCKBOSS）

上面的圖第一排是EPV，第二排是BVPS。看EPV最新的欄位TTM（最新四季財報的總和），可以看到AAPL的EPV數值為49.15，此時可以跟股價去做一個比

較。當然AAPL蘋果公司是創新類型的公司，用EPV估價可能會低估這家公司，因爲這個公式並不考慮公司未來的獲利。

　　當然估價不是只有這種方式，不要忘記了，你還有相對PB估價可以用！這也是我個人覺得最實用的估價方式。

　　我們要了解，估價只是一種減少風險的進場方式，而一旦進場，就不要輕易放手，才是價值投資眞正的精神。

預測公司獲利的本身，就是誤差的來源。

4-4

用股息股累積巨大被動收入

　　對大部分投資人來說，領股息是他們投資股票最主要的目的。不過並不是所有公司都會發股息，像很多科技公司都不發股息，原因在於這些公司主要將賺來的錢，持續投入在研發、擴增廠房等等。因為科技瞬息萬變，如果不持續精進與改變，隨時會被更厲害的公司超越。

　　不過當一家公司廠房也開足夠了、也有品牌效應等護城河，不需要持續研發也能一直賺錢，公司就能將所賺的淨利，透過發股息的方式回饋給股東們，這時股東就可以拿到「白花花的銀子」。

　　為什麼股息這麼重要？

　　1934 年，巴菲特的老師班傑明‧葛拉漢和大衛在《證券分析》[59]一書寫下：「一家企業存在最重要的目的，在於發股息給股東。」

　　前面有提到，大部分的科技股沒有發股息，但是，蘋果公司在2012年開始發放股息了！這象徵什麼意義呢？

　　這代表說，該公司的市場占有率雖然逐漸飽和，但仍持續穩定賺錢、並未衰退，這得力於蘋果強大的品牌效應，也

就是有眾多「果粉」即便手機壞了、電腦舊了，仍是會傾向回購蘋果的產品。

　　這時，即便蘋果公司不需要像以往一樣，投入如此大量經費在研發、設廠，仍會有源源不絕的收入，蘋果也決定將公司盈餘以股息發放的方式回饋給股東。

﹍ 別賺了股息，賠了價差

　　「資產先生，我最近看到一間公司每年給6％股息殖利率耶，感覺可以列入我的菜盤當中。」

　　這天Jerry很興奮地跑去找資產先生邀功，想說他總算靠自己找到了好公司。

　　「但我看公司的財報，發現公司價值持平甚至已有逐年減少的趨勢，你要多加留意喔！」

股息殖利率＝每股配息／股價

　　挑選股息股的時候，通常我們都會關注股息殖利率是幾％，代表今年我可以透過投資該公司賺回多少錢，但如果只用股息殖利率評估股票，小心賺了股息，賠了價差！

　　有些公司為了吸引投資人，會以高股息殖利率當亮點，但假如你發現，股息殖利率占比公司的配發率越來越高，甚至發現公司的自由現金流逐年變少、負債越來越多等情形時，反而要更加提防這類公司，因為有可能公司內部將出

現資金問題！

Jerry 嚇得手機都掉了，「哇！這樣股息和價差一加一減，我等於什麼都沒賺到嘛！」

資產先生點點頭，「沒錯，所以投資股票還是那句老話，我們還是要先關心最重要的前提：公司的價值是否越來越高，可不能看到高殖利率的公司就直接All in喔！」

看股息成長率，不錯過股息的寶藏股

通常我們選擇股息股的時候，只會注意一間公司的股息殖利率有沒有變高，或是否符合我們的投資期待，但總是會有好公司的股價逐年上升，因此股息殖利率總是偏低，讓你遲遲找不到進場時機。

不過這種情況其實很正常，因為市場不是笨蛋，好公司大家都想握在手上不輕易釋出，因此若單看股息殖利率，你可能因為等待錯過一些機會。

那麼有沒有其他方法可以參考呢？這時，你可以參考**「股息成長率」**！

舉例來說，若一間「好」公司，長年的股息殖利率很低（低於2%），不過你觀察到公司的「股息成長率」不論是1年、3年、5年，甚至10年都有成長，這就代表雖然股息殖利率變化不大，但因為好公司股價連年上漲，所以**股息其實也因此連年上升**！

而且別忘了，因為我們有股息再投入的加乘效果，當你

參與（買進至少 1 股就算）一家好公司，在股息成長×股價成長的雙重效應下，滾雪球的複利效果比你想像的更加快速！

運用「定期不定額」的投資，DRIP 股息再投入

如果你剛進入股市，或者正在修正自己的投資觀念、習慣，最適合從「定期定額」的投資開始，練習有紀律地將固定比例的資產投入股市。

如果你已經能有紀律投資，並懂得優先降低風險，那麼你可以試著「定期不定額」投資。

牛市時期、整體股價都屬於偏貴的時候，若還是想參與股市，這時我們建議你可以先以較少的金額定期購買該公司（1 股也可以），然後持續研究公司走向。

熊市時期、在股災來的時候，由於你過去持續增加自己對公司的了解，也就對持有該公司具有高度信心，因此，你更能夠在此時比過去買更多，甚至在股市一片哀鴻遍野時，你還有財務自由帳戶的現金持續進到戶頭來，更加安心。

還記得我們在〈2-4 「雪球計畫」：讓時間為你賺錢〉中提過的複利效應嗎？複利是投資創造財富很重要的關鍵，而在美國股票有一個複利的計畫，叫做 DRIP（Dividends ReInvestment Program），就是「股息再投資計畫」。

這個計畫就是將領到的股息，自動化地持續買原本的股

票，有效地利用股息，幫你買到「碎股」，甚至讓你買到
0.0001 股，這些「碎股」也會再下一次配息給你，然後你
又會買到更多的股票單位，然後下一次再配給你更多的股
息。

　例如你今天拿到 100 元的 AAPL 蘋果股票的股息，假
設 AAPL 股價是 200 元，那券商會自動幫你買到 0.500 股的
AAPL 股票。

　這功能不需要手續費，且大部分的美股券商都有這功能可
以設定。對我而言，這是一定要設定的功能！若非退休族
群需要用錢，推薦大家透過 DRIP，持續讓資產用最高效率
越滾越大。

　如果看到這裡，你還沒有一個美股券商帳戶，且想設定
DRIP 股息再投資功能，這邊提供教學資源給讀者。可以掃
描〈圖 4-4-1〉BOS LINE 官方帳號的 QRcode，加入後輸入
「開戶」兩個字，就會推薦「最新」的開戶的 YouTube 教學
影片，在 YouTube 頻道中也會有最新的訊息，持續提供給讀
者持續學習。

圖 4-4-1 美股券商開戶與操作方法教學

　　當你投資股息會成長的公司，再做股息自動再投入的設定，持有一段時間之後，　股價與股數都成長，複利就會滾動起屬於你的雪球，在時間推移下，只會越來越快、越來越大！

一家企業存在最重要的目的，在於發股息給股東。

4-5
零頭期款
也能當房東的 REITs

📖 美股的「不動產投資信託」

REITs（Real Estate Investment Trust），中文稱為「不動產投資信託」，這類型的股票主要**以賺取租金為收入，並將大部分收益配息給股東**，是我個人很喜歡的一類股票類型。

一間公司需要符合特定政府規範，才能申請成為 REITs，包含：

1.90%收入要分給股東。

2.公司至少要有75%以上的總收入來自於房地產，例如房地產出租、收房貸利息、房地產的銷售等。

另一方面，屬於 REITs 的公司也可以不用付公司稅，也就是說，REITs 比起一般公司的營運成本更小，這也是為什麼許多公司會想申請成為 REITs 了！

因為 REITs 的配息特性，好的 REITs 可以是我們資產配置

中，很好的股息股。許多國家都有REITs，但最成熟、相對最適合投資的當屬美股的REITs。

美股REITs可以區分為九大類別〈圖4-5-1〉：

1.多元組合類。

2.醫療類。

3.酒店、旅館類。

4.工業類。

5.抵押、房貸類。

6.辦公類：以公司為客戶。如ARE生物科學的辦公空間、HPP媒體、科技業辦公空間、可拍電影的大空間等。

7.住宅、公寓類：出租給個人的住宅與公寓。如ELS住宅與休閒車輛、ESS舊金山、洛杉磯、西雅圖為主的公寓等。

8.零售類：出租給購物中心、餐廳、百貨、店面等為主要營利方式。如沃爾瑪超市、7-11、REG郊區購物中心、SPG頂級購物中心等。

9.專門／特別類。

圖 4-5-1　九大類 REITs

REITs 分類	出租物件＆對象	舉例 （非投資建議）
多元組合類 Diversified	不同的產業，混搭在一起，需細部了解公司主要著重哪幾個類別。	BNL、CORR
醫療類 Healthcare Facilities	出租醫療健康、養老院、醫院類辦公大樓、實驗室、製藥中心等。	WELL、GEO
酒店、旅館類 Hotel & Motel	出租酒店、旅館，主要住客為商務人士、遊客等。	HST、APLE、 RHP
工業類 Industrial	出租倉庫、物流中心、工業園區等。	PLD、PSA
抵押、房貸類 Mortgage	透過抵押貸款投資其他不動產行業，本身不直接擁有物件。	NLY、BXMT
辦公類 Office	出租辦公室大樓給公司行號。	ARE、HPP、BXP
住宅、公寓類 Residential	出租住宅與公寓給個人。	ELS、CPT、ESS
零售類 Retail	出租給購物中心、餐廳、百貨、店面等。	REG、SPG
專門／特別類 Specialty	以 REITs 型態經營的各類公司，如電塔出租、林地出租等。	AMT、WY、EQIX

📊 用 FFO 與股息選擇好的 REITs

投資 REITs 我們追求的就是股息，而股息來自公司的租金，因此評估一支 REITs，我們可以看每年「租金」「股息」有沒有都上升。

如何看一間 REITs 的「租金」呢？我們可以看財務報表中的 FFO（Funds From Operations），FFO 的意思類似營運現金流量，代表這間公司每年增加多少現金，而 REITs 現金就大部分都來自租金，它的計算方式為：

FFO＝淨利＋攤銷折舊－賣房子賺到的錢

「股息」則可以財報中的 D（Dividend），看他是不是有越發越多。簡單來說，FFO 等同於房地產真正產生的現金流，FFO、股息都穩定成長，就是一間合格、可以納入採購清單的公司。

查詢方式如下（以股票代號：O 的 REITs 為例）：

1. 打開 STOCKBOSS 網站（www.stockboss.io）⑥⓪。
2. 輸入股票代號，這裡以「O」為例。
3. 搜尋後看兩指標：「Dividends per Share（每股配息）」和「FFO」。

圖4-5-2

（資料來源：STOCKBOSS）

　　不過評估REITs也不能只看單一數據。因應每一種REITs的出租對象、產業類別不同，在挑選時有個別需要留意的事情，比如出租給個人的住宅、公寓類的REITs，地理位置就相當重要，越屬於市中心越適合；出租給公司的辦公類REITs因為大多是摩天大樓，通常蓋大樓的時間可能會比其他房子還要久，如果樓房蓋了好幾年，又剛好碰上金融危機，租金收益就可能受影響。

　　剛開始入門REITs不知道從何下手的話，可以先從觀察全美國REITs的ETF「IYR」當中，前十大公司的FFO，並觀察在特殊時期，例如2008年金融海嘯、2020年新冠疫情期間，有沒有持續穩定配息，甚至越發越多的跡象。

　　要知道我們為什麼要投資REITs？要的就是配息。因此配息不穩定的公司，基本上可以大膽捨棄，不必過多留戀，因為還有其他很多更好的公司待我們發掘與研究！

本章提及的股市專有名詞表

專有名詞	計算方式與背後含義
本益比	·本益比（P/E）＝股價（P）／每股獲利EPS（E） ·代表「投資的錢要多少年才能回本」
EPS	·每股獲利（Earnings Per Share） 　＝每股盈餘（Earnings）／股東數（Per Share） ·代表「一間公司的獲利能力」
淨資產	淨資產＝股東權益＋負債
PB	股價淨值比（PB） ＝股價（P）／每股帳面價值（BVPS）
BVPS	·每股帳面價值＝帳面價值（B）／股東數（Per Share） ·代表「公司倒閉後，還可以還給股東的錢」
FFO	·FFO＝淨利＋攤銷折舊－賣房子賺到的錢 ·代表「一間公司每年增加多少現金」

第五章
不恐慌的
加碼原則

面對股市大漲大跌，能夠克服情緒成本，堅持投資紀律，便已經遠勝多數投資人了。若在股市大跌時能「別人恐懼，我貪婪」，就有機會讓金融危機幫你加速資產累積，更快達成財務目標。

從 2000 年網路泡沫、2008 年金融風暴、到 2020 年新冠疫情爆發，經濟局勢越來越不可預測，股市的震盪也越來越頻繁。**培養正確加碼心態和策略，分配好投資和加碼資**金，隨時為危機做好準備！

5-1
錯誤加碼是給自己挖陷阱

2020 年新冠疫情爆發，股市下跌，跌幅似乎看不到盡頭。面對這樣的市場景象，有許多積極的投資人，也一股腦地將手上的資金投入股市。

的確如果能把握時機，用合理價買入好股票，就如同在週年慶期間，買入物超所值的好東西。但是別忘了，股價跌得再低，還會有更低。**我們永遠猜不到股價與跌幅的最低點。**

因此建議不要把資金一次用完，因爲股市隨時都有可能（再）下跌，到時候你才有餘裕的資金可以再加碼入場。

股市大跌只是加碼原因之一，千萬小心不要掉入加碼的錯誤心態。

錯誤加碼心態一：看到黑影就開槍

Jerry：「什麼樣是加碼的錯誤心態呀？」

資產先生：「首先，一聽到市場有什麼風吹草動，一看到機會就加碼。」

　　以下都是誤解加碼的原則，要特別注意，別讓自己的資產暴露在風險中。

1. 個股下跌時，沒有去了解、研究下跌的原因，就衝入股市加碼。
2. 不遵守茱盤配置就把金錢全部都投入，看到下跌就加碼，甚至買了太多，根本都忘記了茱盤配置的比例分配。

　　這倒不是說股市下跌不能加碼，而是要遵守原則：**加碼茱盤裡的股票**（也就是通過評估的好公司），**並有紀律地加碼**，例如股票下跌到多少比例，要加碼多少的金額。

　　投資的旅程中，要設定自己的原則。加碼的方式有很多種，但是不管選擇哪一種，都別忘了，一定要遵守自己的原則。

錯誤加碼心態二：想 All in 觸底的股市

　　Jerry 聽了資產先生的話後思考了一下，卻還是沒想通：「可是股市已經連續下跌將近一年了耶，是時候該反彈了吧？不趕快把錢押寶進去就會錯過了！」

　　資產先生：「另一種加碼的錯誤心態，就是像你一樣的想法。」

　　Jerry：「有什麼不妥嗎？」

　　資產先生：「自己預測股市，覺得下探似乎觸底，想要

All in身家做加碼也很危險。」

當股市下跌，眼看似乎到底了，想趁此刻大量加碼，在這個月買進、下個月就賣出賺錢的心態，通常是造成日後虧損的罪魁禍首。

原因就是我們猜測不到股市會跌到多深，有可能買到股票之後，股價再繼續下跌。

正確的心態應該是，**加碼股票的當下，就要有「股票還會繼續下跌」的認知**。想要每次都買在股票的最低點，這機會對一般人來說微乎其微。無論股價下跌到多低，還是會有更低的價格。反之亦然，股價上揚的高點，往往之後也還會創新高。

因此無論股市如何創新高或新低，錢都不要全部都用光，記得要保留現金。現金就如同氧氣，能讓我們隨時保持彈性，應對不可預測的股市。

錯誤加碼心態三：聽信未必真實的消息

Jerry：「資產先生，你最近有看到新聞報導嗎？就是那位很有名氣的投資大師啊！一直說看好哪一檔股票的潛力，買了保證賺錢，讓我也想跟單耶！」

資產先生：「那麼，你相信他嗎？」

Jerry：「可是老師說得這麼厲害，感覺真的是那麼回事呀！」

資產先生：「投資路上最怕像你這樣人云亦云。都忘了之

前跟你提過的嗎？要獨立思考。更何況如果有敢向你『保證』『穩賺』的投資生意，就要非常小心了。就像我們聊過的，**任何投資都有一定程度的風險**，敢對你這樣保證的，不是無知就是壞心眼，感覺準備坑殺你了。」

Jerry：「這麼可怕啊⋯⋯好險，還好有你給了我一記當頭棒喝。」

另一種加碼的錯誤心態，是在媒體上看到投資高手、財經名嘴、網紅加碼成功的例子後，就想著自己如果跟單，也會跟他們一樣有錢賺。然而，卻沒有思考到對方的入場時機點以及各種條件與你不同，有可能導致日後的投資績效也相差甚遠。

跟風其實是選擇放棄思考，花錢把思考外包，究其原因，只是自己不想承擔賠錢風險，但這樣一來，反而增加自己的投資風險。因此，千萬要記得獨立思考的重要。

尤其是身處在資訊過度龐雜的現代，相較於前人，我們受惠於科技的發達，想要的資訊垂手可得，卻也充斥著不實消息混雜其中，誤導著我們的判斷。

正確的加碼心態，可以讓你在投資市場混亂時，情緒不會像風一樣搖擺不定。同時還能保持清晰的思緒，與平穩的心情，幫助你做出更好的決策。

5-2
「菜盤配置法」：
穩定獲利、分散風險

　　菜盤配置的概念源自每日均衡飲食指南，依據食物營養成分特性分類，每天平均攝取，身體機能才能正常運作。**投資和飲食一樣，不同產業類別要平均配置，才能做到風險控管、長久地存活於投資市場中。**

　　每一檔股票，依據公司特性、動能，可以**分為資產股、股息股與成長股**。以產業特性又能區分出好幾種，例如：民生消費、食品類、電信類等。以美股為例，依產業類別，能夠細分出 11 種。個人的投資配置，正是依照比例分配於不同產業，來達到分散風險的目的。

菜盤配置是投資的藍圖

　　菜盤的配置是動態平衡，一定會有誤差，但不用擔心，就像股市每天會漲跌，市值也會不同。剛開始動手做的時候，不要想得太複雜或鑽牛角尖，簡單就可以了。

　　菜盤配置法能讓你的投資化被動為主動。許多人剛開始

投資的時候，不知道要從何處開始著手，看到好公司跌到合理價就買，這容易出現的誤區是過了一段時間之後，你會發現自己的投資組合比例失衡，例如某些類型的股票買得過多、標的數量龐雜，什麼都買一點讓之後的管理耗費精神。所以，我們需要建立自己的菜盤配置，隨時破除失衡的情況，讓你清楚地知道，該買哪些股票、要買多少比例。

在配置菜盤的時候，我們可以**思考投資組合要往什麼目標發展**，換句話說，這也是讓你站在未來的角度，思考現在該如何做，例如想要建立一個退休金流的組合，或為孩子預備教育基金。

無論你的目標是什麼，接下來跟著菜盤配置重點，一步步打造出你的投資菜盤吧。

重點一：分散在5種產業

在我們身邊不難發現，很多存股族只存單一種產業類股，例如把金融股或電信類股當退休金存，又或者持有一籃子不同公司的科技類股。這些看似安全或分散風險的投資方式，其實都是「**將資金單押在同類股票**」，背後的風險是，隨著市場景氣的好與壞，得到的報酬率不是很好，就是很差。

如果結局是獲利的話，當然開心，但輸錢的機會也大幅增加了。

　　投資應該先看風險再論報酬，而**真正的分散風險，是棻盤配置裡面包含了「低相關性不同產業」的股票。**

　　美股市場相較於臺股，會更容易做好資產配置，因為美股的產業類別種類比較多元，臺灣大部分是金融股和科技相關產業為大宗。

　　根據相關的研究數據顯示，把股票分散在不同的產業類別上，更能降低投資組合的波動。〈圖 5-2-1〉是一張「持有資產之間的產業關聯性高低」與「風險回報率關係」的對照圖。

圖 5-2-1

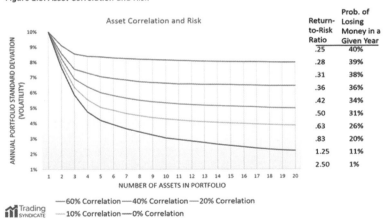

（資料來源：Trading Syndicate）

　　我們可以從中觀察到，最底下那條線的投資組合，其產業相關性為 0％，相較於其他四組由上至下的相關性分別為：60％、40％、20％ 與 10％。

在相關性0%的組合當中，不難發現該組風險明顯地低於其他四組，也就是說大幅降低了輸錢的機會。另外，在橫軸上，當資產種類分散至5個不同產業別的時候，風險回報率明顯地趨於平穩，也就是投資組合的波動度程度降低了。

從這份研究數據中可以知道，**當投資組合超過5個不同產業類別時，波動率逐漸減緩，有利於降低投資風險**，在景氣循環時，萬一某些產業發生危機，或突如其來的黑天鵝事件，有了資產配置作為防禦，我們的投資組合才不會全部受到影響。

💰 重點二：分配投資比例與資金

資產配置是個動態平衡，隨著你持續存錢、壯大資產，以及股票市值的波動，都會牽動著整個菜盤裡的占比。因此打造菜盤配置時，**要訂立目標**，讓我們有個大方向，不至於迷失在浩瀚的股市裡。

一開始你只需要先設定好10年後，或想要一輩子持有的股票，預計想要用多少錢來做投資？ 如果覺得太困難，則可以先從想要持有3～5年的股票著手規畫。

新手一開始設定的公司數不用太多，會不容易管理。我們等投資一段時間，可以等半年或一年之後，定期回來做再平衡，買入菜盤裡未達到購買比例的股票；市值已經達到配置比例的股票，先停止加碼購入，這就是讓菜盤恢復原

始設定的方式。

重點三：單一個股不超過整個菜盤的 10%

菜盤的比例該如何配置

1.拿出一張空白紙，利用圓餅圖將圓分成 10 等分，每一格代表 10% 的資金比例。
2.每一格裡面，可以填入 1～3 支個股（最多不超過 3 支），將 10 年後想要擁有的配置填入格子裡。
3.先不用考量要投入多少現金、也先不考慮合理價的問題，只需要先寫下想擁有的持股、專注自己想要持有的目標。

這裡有一些建議：

1.每一支個股，最多投入總資金的 10％，之後再依照個股漲、跌的市值去做調整和規畫。
2.建議 ETF 不超過整個菜盤組合的 20％，一檔最多投資 20％。因為買入 ETF 就好像買了一籃子的股票，已經幫你做好分散風險。
3.日後如果找到比菜盤裡或 ETF 更好的標的，可以用替換的方式優化資組合，例如將 ETF 換成其他好公司，不讓 ETF 裡體質變差的公司影響你的投資績效。更好的方法是，當你找到更好的公司，用新增的方式調整，也

就是說不再買進ETF，而是將未來的資金投入其他好公司。

4. 巴菲特的控股公司波克夏（美股代碼：BRK.B），購入的公司股票都經過價值投資的嚴謹評估，而其風險分散程度如同一支ETF。如果你相信巴菲特選股的眼光，在支產配置中也可考慮以BRK.B取代其他ETF。

5. 10等分裡專門賺取股息的股票，必須大於專門賺取差價，不配股股票的比例。

菜盤配置練習

這裡提供一個基礎的菜盤配置〈圖5-2-2〉，依據你的投資策略、目標的不同，調整適合你的菜盤比例。

圖5-2-2

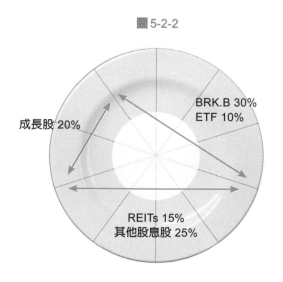

💰 重點四：股息股的占比要大於成長股

在股市一片榮景的上升趨勢中，投資股息股要像成長股一樣賺錢，會比較困難；但碰上股市大跌時，股息股卻能夠在資產配置裡發揮一定的作用，可以保護我們的資產免於受這類風險的影響。

因為熊市來臨時，成長股的下跌幅度，通常會比股息股更大。

這時候，如果你的股息股比較多，所受影響的幅度與心情波動也會比較小。

另一方面，若選到優質的股息股，不但股價會逐年一直往上攀升，所配發的股息也會逐年成長，長期持有的時間夠久的話，也能成為一項不錯的被動收入來源。

更重要的是，美股有 DRIP 股息在投入功能，因此在盤配置較多股息股，能幫助你的資產雪球效應越滾越快、越滾越大。

挑選好的股息股要參考的面向有很多，其中股息穩定成長是非常重要的關鍵。在美股市場中，有許多股息成長年數超過百年的績優公司，值得好好地花時間研究。

身處於投資市場裡，難免會遇到大跌的情況出現，只要是手上持有股票就不可避免。要長久安穩的縱橫於股市，有賴於資產配置的實踐。查理・蒙格曾經說過：「正確的資金配置，是投資人最重要的工作。」

要做好**資產配置**並不難，只是也**不會有標準答案**，更沒有

完美的答案，而是需要自己平心靜氣好好地思索，打造出
最適合自己的投資組合。

分散風險，是菜盤配置裡面包含了
「低相關性不同產業」的股票。

5-3

股票越跌買越多
的加碼原則

Jerry：「資產先生，最近股價又一直往下掉了耶！那現在是加碼的時機點了嗎？」

資產先生：「不論回答是或不是，似乎都不太正確。」

Jerry：「怎麼說呢？」

資產先生：「為了安全投資，我們應該**策略性加碼**，將風險分散，而非一味地追求高報酬率。」

Jerry：「我想知道策略性加碼到底該怎麼做！」

💰 定期買股就是加碼：紀律投資，變大本金

這個答案是不是讓你意外呢？事實上，我們並非只有股市下跌才加碼，當我們賺的錢越來越多、也存的越來越多，自然就是在股市中有紀律地加碼。

而當股市下跌，我們存的錢金額不變，因此股市跌的時候會買到更多股票，股市漲的時候會買到較少股票。

有紀律地存錢投資，是最簡單、不用思考的加碼。

個股大跌：定期不定額分批買進

定期不定額是在固定時間內投入不固定金額，價格上漲時少買一些，將錢留到便宜時多買，這麼做是為了**降低持有成本**。

當個股大跌時，我們可以用定期不定額，分批買入**合理價**的股票，並且**長期持有**至少五年以上。

例如我每個月初固定購入 BOS 股票，我的股票**平均持有成本**目前是 100，月初的股價來到 150，如果這時候買，我的平均持有成本會被拉高，這無疑是降低了我在未來的報酬率。

當股價大於平均持有成本，我會用較少比例的金額買入較少的股數，把這個月購買剩餘的錢留待下一回使用。在之後的某個月，出現股價小於平均持有成本的時候，我再將之前累積下來的資金，加上當月的投資預算一起投入，以此再降低我的持有成本。換言之，股價越低點，可以買到的股數會更多，等日後股價上漲，你也可以賺更多。

大盤大跌：加碼的好機會

股市到目前為止，最大的跌幅在 2020 年新冠疫情爆發、2008 年次級房貸、2002 年科技泡沫化。會發生這種**大盤大跌，通常是系統性風險引發的連鎖效應**：因為大盤下跌讓持有個股的小股東感到恐慌，進而拋售股票，造成所有的

股票都下跌。

　　大盤大跌和個股大跌，兩者是不同概念，要分開來看。

　　即使原本體質好的公司，在營運以及財報都沒問題的情況下，也可能因為大盤的震盪，連帶影響公司股價下跌。這時，會是一個加碼的好時機。

　　提醒你，很多人誤以為股價近期明顯的連續跌幅就是海嘯來了。事實上，在股票市場裡，大盤**每年跌個10％都是正常的市場修正**，對於整個股市也是健康狀態，如果跌到20％以上才能算是金融海嘯來了。

隨時準備：資金分配與出手時機

　　到底要留多少錢在手上呢？相信大家心裡都有一樣的疑問。

　　加碼的時候，大原則是先投資50％股票，留著50％現金等待機會，因為現金就是氧氣，不要把錢一下就用完，大腦才能保持冷靜。

　　要注意的是，這裡無論是加碼股票的、或者等待機會的現金，都是扣除生活必要支出和緊急備用金後，剩下的可動用資金，千萬不要把生存必須的錢拿去投資！

　　那何時要加碼投資呢？我們可以參考CNN**恐慌指數**〈圖5-3-1〉。

圖5-3-1　CNN恐慌指數

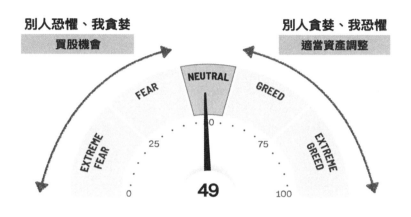

（資料來源：CNN Business）

　　要從新聞媒體或者身邊親友的反應，來看市場的投資情緒，這麼做不僅樣本數太少，也不夠客觀。貪婪與恐懼是抽象的情緒，要如何量化來了解投資人現在對於市場的情緒是恐懼、還是貪婪呢？CNN恐慌指數提供了客觀的觀察方式。

　　「恐慌指數」是由CNN所開發的指數，根據7項不同的經濟指標，綜合加權計算出「恐慌與貪婪指數」，範圍由0至100分，數字越小，代表目前市場越恐慌；數字越大，代表目前市場越貪婪，這項數值為每日更新，可以在CNN網站上查詢：（https://money.cnn.com/data/fear-and-greed/）。

　　當指數處於25～45分，此時代表市場「恐慌」，在這個區間，我就會思考要加碼什麼股票。那如果是在0～25分

「極度恐慌」時，這表示市場現在處於極度恐慌的狀態，這時你也會發現，合理價的股票變多了！這時你需要的是的勇敢買進股票。

相反地，當指數來到75～100分「極度貪婪」，通常是已經反映出投資人對於市場景氣可能過度樂觀，股價可能漲得過高了，我們要保守看待，同時也可以考慮把比較積極獲利的標的賣掉，轉為較保守的配息股票，增加股息股持有比例，不間斷地為我們賺取更多被動收入。

那其他時間呢？就好好地過生活、享受生活吧！

大盤每年跌10%都是正常的市場修正。

5-4
不恐慌投資法的
三種方法

　　股市下跌時，我們應該採取什麼加碼策略，既保護資產還能增加獲利？

　　怎麼有效率地投入加碼資金？

　　怎麼避免在股市跌得更深時，卻發現手上現金已經用完的窘境？

　　CNN恐慌指數是給我們投資時機的靈感，那這邊介紹三種加碼的方法，大家可以自行選擇適合的方式。

方法一：看大盤本益比，隨時保有子彈

　　永遠不要忘記，現金就是氧氣。如果投資沒有做好比例分配，在現金不足的情況下有可能因為恐慌的情緒，而下錯決策造成投資報酬率更差的情況。

　　無論本益比多低，要保留一些現金在手上，以備不時之需。

　　Jerry聽到這裡還是語氣中帶著不甘心：「這樣一來，現

金的使用效率就無法發揮到最大化了嗎？太可惜了……」

　　資產先生拍拍他的肩說：「投資是一輩子的事，這麼做可以讓人吃得下、睡得著，生活過得安穩。畢竟世界的變化有越來越快的趨勢，未雨綢繆多做一些防範是好事。」

　　我們可以參考美國大盤 S&P500 的本益比跌幅，來決定留多少現金在手上〈圖 5-4-1〉。

圖 5-4-1

本益比（P/E）	留現金 %	投資多少 %
10	25%	75%
20	50%	50%
30	75%	25%
40	100%	0%

　　參考大盤下跌時加碼的做法，是用來提醒你，以觀察大盤大跌為參考指標，來決定準備加碼哪些好公司，而不是光看個股一直跌就加碼。

　　如果擔心股市極度不穩定，例如中美貿易戰、烏俄戰爭等事件影響股市，加碼時可以分批買進（建議分三到五次），只要每一次大盤比自己進場時的價格低 10%，就可以加碼 5% 一次榮盤清單裡的好公司，這是比較保守的加碼方法。（要注意這裡不是指個股跌 10% 就加碼喔！）

圖 5-4-2

S&P500 股價	S&P500 跌幅	加碼
480	0%	保有 50%現金
408	15%	第一次加碼
336	30%	第二次加碼
246	45%	第三次加碼
192	60%	第四次加碼
120	75%	第五次加碼

方法二：看大盤連續跌幅加碼

相較於上一個方式，這裡的方法屬於比較積極的加碼法則，適用於我們同樣保持 50％的資金參與股市，剩餘的50％分成五份。

例如你有 100 萬，50 萬投入股市，剩餘的 50 萬再分成五等份，也就是有 5 個 10 萬，用來分批加碼。每當 S&P500 下跌 15％，就加碼一份現金 10％到好公司。

圖5-4-3

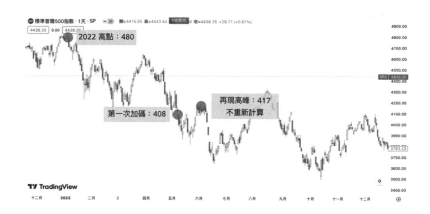

（資料來源：TradingView）

　　以〈圖5-4-3〉2022一整年大盤 S&P500 走勢為例，高點
為480（以下數字皆取整數，小數點不列入計算），加碼的
時機點首先會是480下跌15%的位置，也就是價格來到408
左右，可以做第一次的加碼。

　　如果從408再繼續跌15%，也就是落到價格346時，這會
是我們第二次加碼的參考點，以此類推，最多加碼5次〈圖
5-4-4〉。

圖 5-4-4

S&P500 股價	S&P500 跌幅	加碼
480	0%	保有 50%現金
408	15%	第一次加碼
346.8	28%	第二次加碼
294.78	38.5%	第三次加碼
250.56	48%	第四次加碼
212.97	56%	第五次加碼

　　那麼當股市漲了又跌，最近一次的高點是 417，要從 417 重新起算嗎？

　　如果再次碰到一樣為 407 的股價，是否要再次加碼呢？

　　這個加碼方法，原則上，**不能在中途變更規則**，既然投資已經訂出原則，就一率以 480 作為起始的高點。你當初加碼的原則不任意更動。如果是重複碰到 408、或者股市在 408 反覆震盪，也不會再次加入新資金，否則錢很快就會用完了。

　　切記遵守原則很重要。

💰 方法三：既保守又積極地加碼

　　這是方法二的積極變化版，我們同樣保持 50％的資金投

入股市，剩餘的50％分成五份。**當S&P500下跌15%，就加碼一份10%到好公司**。差異在於這個版本的規則，是起算點不同，是以近期高點作為唯一基準點，而不是方法二的從近一年最高點算。

有了原則之後，依循著規則走，知道什麼時候該加碼、什麼時候不要去看股市，有更多可以運用的時間，這樣投資起來就會比較輕鬆，不用每天提心吊膽地過生活。

我們以股市大盤當加碼的參考依據，一旦跌幅停止，就不再繼續加碼。要記得繼續存錢，增加你的本金，讓你的雪球變大。

以投資美股而言，建議保持**每三個月換一次美元**，不需要太在乎美元匯率，以長期兌換美元投資美股來說，兌換的匯率價格會趨近於匯率的平均價格。順帶一提的是，我們應該專注於投資股市，而不是操作外匯。

最後也要避免加碼過頭，把錢用光。以購買蘋果股票為例，原本這支股票只占荣盤規畫中的10％。結果不小心加碼太多，變成20％，荣盤配置失衡、長期下來風險也就增加了。

大部分的人都喜歡追求報酬率最大化，就會有All in的心態，當All in到沒有現金，就會變得恐慌、不理智，人一旦不理智就容易做錯決策，那麼後果當然是可想而知了。

最後，上述方法適用於股市跌得比較深的時候，計算一回就可以了，不必時常去關注，因為股市不是每天都在崩盤。

⑤ 用三大股市崩盤，回測不恐慌投資法的效益

　　以下以2000年、2008年、2020年股市恐慌的狀況，回測使用不恐慌投資法的效果。

　　〈圖5-4-5〉為美國大盤S&P500（1998～2005年）的趨勢圖，可以看到2000年的科技泡沫化造成的跌幅，最多可以加碼3次。準備加碼第4次的時候，股市就開始往上，因此停止加碼。

圖5-4-5

（資料來源：TradingView）

　　2008年的次貸風暴可以加碼5次〈圖5-4-6〉，此後股市趨勢就開始往上，接下來就一路漲到現在。

圖5-4-6

　　2023年S&P500的股價是440，當初如果在2008年最高點入場，一直放到現在，股價大概翻漲了四倍！在當時股價的越低點，可以購入的股數更多，待日後價格上漲，也可以賺更多的價差。

　　2020年疫情大爆發時，S&P500跌幅大約30％〈圖5-4-7〉，如果依照我們的原則加碼，總共會投入兩次的資金。

圖 5-4-7

（資料來源：TradingView）

　　透過以上的回測說明，觀念是否有更清晰明暸呢？

　　當我們觀察大盤大跌的時候加碼，不是指加碼大盤。當然，如果追蹤大盤指數的ETF（如SPY、VOO）原本就是你菜盤持有清單裡的股票，這時你要加碼大盤是可以的。

　　但是，我們這邊說的加碼強調的是：**觀察現在哪些好公司已經到達合理價，再去加碼這些個股的好公司。**

　　要注意的是，不恐慌投資法適合有工作收入、有存款、五年內不會需要動用到這筆資金、手上也有足夠的緊急備用金，同時也對股市樂觀的人。

　　請務必記得，此種投資法並不適合貸款借錢來投資。因爲

股市一旦下跌，加上貸款必須定期償還利息，你要承受的壓力增加，心情就會變得無比恐慌。

有句話說：「對股市悲觀的人看起來比較聰明；但是真正賺錢的人，絕對是對股市樂觀的人。」因為打從心底相信，才會長期持有，持有才會賺錢。

說來容易，但實踐卻總是困難，畢竟周遭總是有許多親朋好友的關心、流言蜚語，這是價值投資裡最難克服的。

那萬一你就是那位對股市悲觀的人，怎麼辦呢？

提供一個小建議讓你參考，在你下完單之後，立刻刪除下單軟體，從此以後專心做你本分該做的事情，不再亂想。

觀察哪些好公司已經達到合理價，再去加碼這些個股的好公司。

5-5

不浪費時間，
也能提升投資勝率

Jerry 這天頂著黑眼圈來找資產先生：「最近股市震盪，我每天要注意目前市場的最新進度，同時還要工作、過生活，搞得我心力交瘁。」

資產先生：「難怪你看起來精神不濟，黑眼圈很深。」

Jerry：「同樣在做投資，你怎麼可以每天過得氣定神閒這麼自在，你都不盯盤嗎？」

資產先生：「善用工具，其實不用這麼辛苦。」

設定到價提醒，不盯盤掌握趨勢

到價提醒通知是個非常實用的工具。建議大家先做設定，它不但可以設定個股，也可以設定大盤。

例如，你可以在這小工具上設定大盤的到價提醒通知，在大盤價格下跌 15％的時候，設置一個小鈴鐺，就不用浪費心力於牽掛股票走勢，也不會因為忙於工作，而錯失加碼的好時機。

　　價格一到，你會第一時間知道。基本上每個券商都會有這樣的功能可以設定。

運用交易紀錄，驗證策略成效

　　Jerry：「資產先生，我們只是做小筆投資，有必要做什麼交易紀錄嗎？」

　　資產先生比了一個增加的手勢：「你想讓自己投資的成功率高一點嗎？」

　　Jerry想都沒想就回答：「想呀！」

　　資產先生：「投資有很多要判斷的項目，如果沒有紀錄可以看，怎麼知道自己哪個部分判斷是否正確？」

　　股票交易紀錄是股票投資的重要組成部分之一，能讓人依照投資結果的足跡，判斷未來的投資決策，以及確定自己的投資策略是否有效。

最基本的交易紀錄必要項目通常包含：

1. 每次交易的日期。
2. 股票種類。
3. 交易價格、數量。
4. 總成本。
5. 分析股票價值的過程（如第四章所教的估價法），至少要寫下你對這間公司的評分，以及評判它是好公司的原因。

紙本或電子紀錄都可以，使用電子表格易於管理和分析，紙上紀錄則可以避免可能的數據安全風險。

Jerry 用的 APP 有類似的功能，展示給資產先生看：「不過，現在很多軟體內建有歷史交易紀錄，看那個就夠了吧？」

資產先生：「大部分的軟體只能查一個區間，也沒辦法做比較，何況軟體的交易紀錄只會記交易的時間跟價格，也不是很方便做總結，**自己記錄，才能有掌控權。**」

還有一點，我們在記錄股票交易時，得把買入價格與成本分開計算，雖然現在的 APP 可以自動計算，不過你對**同一支股票有不同購買時間，股票也可能會有股利，這些都需要你自己加起來計算。**

舉例來說，假設原本購買的金額：20 元買了 100 股。

第一年成本：2000 元。

第二年拿到股利：每股 1 元，拿到 $1 \times 100 = 100$ 元。

第二年成本就變成：$2000 - 100 = 1900$ 元。

（以不扣除手續費與交易稅概算）。

如果又再買同一支股票，價錢不同也得重新計算成本。

自己計算，才能掌握成本，不然連賺錢還是虧錢都不知道，如何理財？

最後，記錄交易最大的意義是分析。包含：

1. 這筆交易符合你的投資目標和策略嗎？

2. 某個策略有沒有達成目標、是否出錯了？有時錯誤不是只形式上的問題，最重要的是心態。

3.策略錯誤的原因是什麼？如何避免重蹈覆轍？

4.股票交易紀錄與其他的投資策略和目標有哪裡不同？其他策略值得參考嗎？

做紀錄是強迫我們思考，自己做的決定是不是理性。

千萬不要把思考的工作交給某某投資顧問，或是什麼投資老師，這樣的行為不會讓自己長期成功。

我們可以參加一些投資講座、研討會或者加入投資社區、讀書會，與其他投資者交流經驗和想法。藉由交流，我們可以更了解其他投資者的策略、風險管理方法和市場分析技巧，從中吸取經驗和教訓。

交流的目的不是見一種學一種，而是訓練自己獨立思考他人經驗中的利弊，不斷提高自己的投資水平，減少錯誤的概率。

自己計算，才能掌握成本。

5-6
出場時機

🐷 出場的條件

　　既然有入場，就有可能出場，那麼什麼時候該出場？

　　股價掉了就出場嗎？當然不是！

　　出場條件應該是與自己原先進場的原則相互衝突。

　　例如原本看中某支股票，是因為它有穩定的股息，不過公司因為某些原因，決定砍股息，改成原本的一半，如果這是你的退休金，每個月能拿到4萬塊，突然被砍了一半只剩2萬，能不緊張嗎？

　　這時候我們就要小心查證，從公司季報或年報，推敲公司做這項策略的原因是什麼，千萬不要貪快，而看報章雜誌的懶人包！因為新聞媒體為了抓住觀眾的目光，會用一些誇張的標題誤導觀眾。

　　假如找出來的理由不是很理想，那可能就得「換」一間理想的公司，從口袋名單中改變它的排名，次一位的選擇可能就會取代這間公司。

當我們做完這些決策後，也要把出場原因、甚至當下心情記錄下來。股票市場是需要經驗的累積，這個經驗不是只靠抽象的「感覺」，而是透過這些經驗紀錄，累積自己的「理性」。

反省與檢討

最後，還有一項得要記，這項是裡面最重要的一項——**反省與檢討**。

在投資中，即使是有經驗的投資者，也不能完全避免風險。因此，我們更應該**監控和管理風險**。我們可以透過定期檢查投資組合和風險承受能力，以確保他們的投資策略與市場環境相符。

手上有 100 萬時，也許能承擔 20％的損失，如果手上的資金漲到 1,000 萬呢？是否還能承擔 20％的損失？

原本的風險承擔只有 20 萬變成 200 萬了，那時候的投資策略是否要更改？

每個人承受風險的能力不一樣，每個時期的自己也會不同，所以在交易紀錄中，也得把風險寫進去。

反省的另一個面向是**將交易紀錄與市場趨勢相比較**。

如果投資績效一直不如大盤，那麼花這麼多時間，不如直接買追蹤大盤指數的 ETF 就好了。

因此，無論進場、出場、持續持有，都要保持交易紀錄，並定期分析。

【結語】

越簡單越厲害，
你不用等到很厲害才開始

投資是長期作戰，是測試耐力的馬拉松，而不是短期的高風險炒作。不管是初期沒有經驗的人，或是已經打滾多年的老手，都面對著股市的未知。老手的確經驗豐富，但那些跌跌撞撞中累積的經驗，有時候投資者身在其中，自己都無法察覺問題出在哪，因此誤打誤撞繼續贏了幾回，卻在沒想到的時機重重摔跤。

根據研究指出，我們人一天會思考約 6 萬次，而這些次數的內容都是亂無章法，重要或不重要的資訊，內心情緒的眾多想法都會糾纏在一起，大腦存活，也通常選擇犧牲「正確性」來換取「速度」。

辛辛苦苦用勞力賺的錢不容易，要累積到一定的量，更需要時間；但要讓它們消失卻是只要一瞬間，只要一顆依照本能捷思的大腦和一套依照感覺的投資策略，就可能萬劫不復。

能讓自己在股票市場中穩穩獲利的方法，就是專注在公司價值，並跟隨擬定好的投資策略，避開情緒化做出衝動決定。追尋價值、堅持策略的投資，可能需要花費幾年的時間才能實現回報，但是如果能夠堅持下去，你獲得的回報可能會很高。

更重要的是立刻行動。美國著名勵志演說家吉格‧金克拉說過一句我一直奉行的話：「**你不用等到很厲害才開始，要先開始才會變得很厲害。**」

在生活中，我們經常會因為各種各樣的原因而等待：等待更好的時機、更好的機會或者更好的準備。然而，有時候等待可能會阻礙我們取得成功的機會。

我們應該等「準備好了」，還是馬上行動呢？

理論上，萬事俱備再行動當然是最好的，然而現實是世界隨時在變動，投資的風險不可避免；甚至也沒有所謂的完

美的正確時機，只有事後諸葛，永遠不會有「準備好了」的那一刻。

因此我們應該及時行動，並通過實踐學習和成長。

你當然應該在投資或創業之前，評估自己的風險承受能力，制定風險管理計畫；在做出決定時，你也要相信自己做事前功課的能力，仔細考慮自己的目標、情況，但是永遠不要等到「準備好」才開始。

想實現財務自由，就現在開始投資、存錢，創造被動收入吧！

勇敢地開始行動，邊做邊學，實踐才會讓原石打磨得更亮。

注釋

① 黑天鵝事件，指的是無法預料的事件。通常是極不可能發生，實際上卻發生的事件。

② 價值投資是一種注重公司價值，長線投資的投資方法。

③ 被動收入通常指的是只需要一點時間維護，就能定期拿到的收入，又稱為非工資收入。像是收房租、領股票的股息、建立一個穩定賺錢的事業每年領分紅等，都屬於被動收入的範疇。

④ 小確幸：是指追求一些微小而確實的事，而感受到幸福與滿足，例如喝下午茶、看電影、小旅行等等。

⑤ 指注重資產產生的被動收入，像是建立股息收入、房地產收租等。建立一個系統，來擁有被動收入的人。

⑥ 通常內向的人，跟人講話會消耗精力；外向的人，跟人講話反而會獲得精力，也許你可以用這方法，來判斷你比較偏內向還外向。

⑦ 「老鼠賽跑」為暢銷書《富爸爸，窮爸爸》中作者羅伯特‧清崎所提出，用以形容為金錢而工作，沒有創造被動收入的資產，因而沒有個人自由時間的狀態。

⑧ 這是網紅、企業家 Gary Vee 在某次影片提到的數字。你也可能會查到其他數字，主要說明成為「人類」是很幸運的事。Gary Vee 半開玩笑地說：「如果你媽媽生你當晚，多喝了一杯紅酒，你就不會出生了。」

⑨ 根據臺灣彩券官網，大樂透頭獎中獎率約為 1 / 13,980,000。

⑩ 「揠苗助長」指拔苗幫助其成長，反而讓苗枯死了。這裡是比喻許多人可能中途就想要把資產賣掉，或是追求不當方法，結果反而讓資產變小了。

⑪ 這裡是形容投資的資產配置，例如股票投資不同產業，那麼某個產業發生危機時，自己的投資組合不會全部都受傷。

⑫ 被動收入的本金：這裡指能產生被動收入的資產，為了有被動收入，需要先存這些資產的本錢。

⑬ 當你自由後，並不是說從此不工作。此時你可以選擇有意義的工作、或是自己喜歡的工作。所謂的「自由」，是指多了「選擇的權利」。

⑭ 葛蘭特·卡爾登：知名銷售培訓師、企業家、演說家。創辦了 18 家公司，白手起家建立價值 50 億美元的房地產，被英國商業資訊網《Richtopia》評為「全球十大最具影響力 CEO」之一，與股神巴菲特、特斯拉執行長馬斯克齊名。

⑮ 儲蓄率指的是存錢的比率。「每月存的錢／每月賺的錢＝儲蓄率」，這個數字越高越好。

⑯ 泡沫化指的是股市價格大跌、崩盤。

⑰ 在德州撲克牌裡，「魚」的稱呼意味著牌技很弱的玩家。

⑱ 美股代碼由 1～5 個英文大寫組成。

⑲ 美國股票一張股票等於 100 股，臺灣股票一張股票等於 1,000 股。通常股票最小單位為 1 股，目前也有海外券商可以買得到 0.1 股。

⑳ 美股常常同一間公司，會有兩個股票代碼，通常一個比較有投票權，另一個比較沒有投票權，如果你買的股票數較少，或是

不想參與股東的投票，通常買哪一個代碼都沒什麼影響。

㉑ β 值（Beta 係數）：又稱為風險係數，一般被用來衡量一支股票的風險大小。

㉒波克夏‧海瑟威：為一間總部位於美國內布拉斯加州奧瑪哈的跨國多元控股公司，現由巴菲特經營，旗下包括物業、意外險、再保險、特殊類保險。

㉓《Stocks for the Long Run》Jeremy Siegel 著。

㉔《金錢超思考》：喬納森‧克雷蒙著，遠流出版。

㉕《投資最重要的事》：霍華‧馬克斯著，商業周刊出版。

㉖財務報表簡稱「財報」，通常指國際上三大財務報表：「損益表」「資產負債表」「現金流量表」，看財報可以了解公司營運狀況。而臺灣是四大財務報表，多了一個：「股東權益變動表」。

㉗此事件為 17 世紀的南海泡沫事件，因為公司的價值來自於炒作，最後造成股價崩盤。

㉘摘自《巴菲特的投資原則》：傑瑞米‧米勒著，天下雜誌出版。

㉙查理‧蒙格：巴菲特的合夥人，兩人共同經營波克夏‧海瑟威公司。

㉚股息成長：指的是股息每年越來越多，逐年升高，中間沒有一年持平或下降。

㉛資料來源：2023 年 http://www.stockboss.com。

㉜資料來源：Stock-ai 全臺股市市值。

㉝S&P500為美國大盤指數,代表美國整體股市表現。

㉞0050為臺灣指數型ETF,追蹤臺灣大盤指數,反映臺灣整體股市表現。

㉟如果想計算單利/複利差異,搜尋關鍵字「利率計算」或「單利計算複利計算機」,就可以找到很多現成的網路資源。

㊱故事源自《致富心態》:摩根・豪瑟著,天下文化出版。

㊲彼得・林區:傳奇基金經理人,最知名的事蹟為其在操作麥哲倫基金一年間,創造29.2%的高平均年化報酬率。

㊳採購清單又叫做「觀察清單」,指自己正在觀察的股票名單,觀察這些標的,當這些標在合理的價格時進場。

㊴13F持倉報告(https://www.sec.gov/dera/data/form-13f):美國證券交易委員會規定,資產管理規模超過1億美元的機構,需要在每季結束後的45天內揭露所有管理的股權資產。

㊵選擇權是一種衍生性金融商品,美股選擇權與臺股選擇權規則不太一樣,本書提到的選擇權以美國市場為主。

㊶市場先生是葛拉漢提出,想像股市有一個人,每天會給你報價,心情好報價高,心情不好報價低。

㊷變動比率增強:行為出現不固定次數獲得獎賞,屬於「部分增強」的一種方式,即行為一旦被塑造,只需偶爾增強,行為即可繼續維持,例如賭博。

㊸殖利率:從股息與股價的比率,算出投資報酬率,公式為每股股息/股價。

㊹手續費:目前美股上市公司透過美國券商軟體交易股票,不需

要手續費（透過臺灣複委託需要手續費），上櫃公司則需要手續費，另外臺股交易亦需要手續費。

㊺熊市：市場趨勢向下的空頭市場，以股市來說，跌幅超過20%，稱為熊市。

㊻牛市：市場趨勢向上的多頭市場，以股市來說，漲幅超過20%，稱為牛市。

㊼毛利率：毛利率的公式為「毛利／營收」。

㊽複利：不同於單利，指投資本金和利息加總作為新的累積本金去計算新利息，讓本金和利息持續產生更多利息，增加資金的增長速度。

㊾關於查理．蒙格的思想，可以看《窮查理的普通常識》一書，絕對是值得放在床頭邊，常常拿來閱讀的好書。

㊿《原來有錢人都這麼做》：湯瑪斯．史丹利、威廉．丹柯著，久石文化出版。

(51)《富爸爸，窮爸爸》：羅勃特．T．清崎著，高寶出版。

(52)《有錢人想的和你不一樣》：T. Harv Eker著，大塊文化出版。

(53)攤提：一種會計方法，用於將某個成本分攤到一定的期間內。以書中例子來說，假設某課程費用是3萬元，每個月的教育基金預算是3,000元，那麼一年的教育基金總預算就是36,000元，扣掉該課程費用，該年度尚有6,000元的預算可以購買書籍或課程充實自己的知識或技能。

(54)《先別急著吃棉花糖》：喬辛．迪．波沙達、愛倫．辛格著，方智出版。

(55)「10-k」為美國公司的財報，裡面包含公司營收來源、比重、員工人數等敘述，以及股價表現、盈虧、開銷等數字。閱讀「10-k」有助於詳細了解一間美國公司的狀況。

(56)要簡單看公司是否有持續回購股票，可以看 www.stockboss.io 財報，看股票的「Shares」項目，有沒有逐年下降。

(57)帳面價值又稱作「股東權益」，也可以說是「淨值」。

(58)TTM 是 Trailing Twelve Months 的縮寫，代表最近四季財報的總和，可以當成最新的財報數據來看。

(59)《證券分析》：班傑明．葛拉罕、大衛．陶德著，2011 年寰宇出版。

(60)STOCKBOSS 網站：註冊後可免費查詢台股、美股、日股 30 年的財報。

Eurasian Publishing Group
圓神出版事業機構
用心閱讀的智慧．擁抱希望未來

方智出版社
Fine Press

www.booklife.com.tw

reader@mail.eurasian.com.tw

生涯智庫 215

從好公司輕鬆提款：
巴菲特線上學院創辦人的不恐慌、不盯盤美股投資術

作　　者／林修禾

發 行 人／簡志忠

出 版 者／方智出版社股份有限公司

地　　址／臺北市南京東路四段50號6樓之1

電　　話／（02）2579-6600 · 2579-8800 · 2570-3939

傳　　真／（02）2579-0338 · 2577-3220 · 2570-3636

副 社 長／陳秋月

副總編輯／賴良珠

主　　編／黃淑雲

專案企畫／尉遲佩文

責任編輯／林振宏

校　　對／林振宏 · 李亦淳

美術編輯／金益健

行銷企畫／陳禹伶 · 黃惟儂

印務統籌／劉鳳剛 · 高榮祥

監　　印／高榮祥

排　　版／杜易蓉

經 銷 商／叩應股份有限公司

郵撥帳號／18707239

法律顧問／圓神出版事業機構法律顧問　蕭雄淋律師

印　　刷／祥峰印刷廠

2023年12月　初版

定價350元　　ISBN 978-986-175-772-8

開始寫未來日記之後,你會知道:
「心想事成是真的」「事情會變成你想的那樣」!
——《3分鐘未來日記【369天實踐版】:萬人見證的書寫奇蹟》

◆ **很喜歡這本書,很想要分享**

圓神書活網線上提供團購優惠,
或洽讀者服務部 02-2579-6600。

◆ **美好生活的提案家,期待為你服務**

圓神書活網 www.Booklife.com.tw
非會員歡迎體驗優惠,會員獨享累計福利!

國家圖書館出版品預行編目資料

從好公司輕鬆提款:巴菲特線上學院創辦人的不恐慌、
不盯盤美股投資術╱林修禾 著 . -- 初版 .
-- 臺北市:方智出版社股份有限公司,2023.12
240面;14.8×20.8公分 --(生涯智庫;215)
  ISBN 978-986-175-772-8(平裝)

  1.CST:股票投資   2.CST:投資技術
  3.CST:投資分析

563.53   112017431